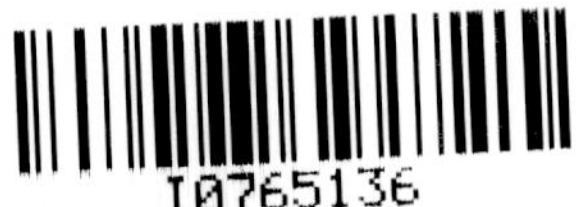

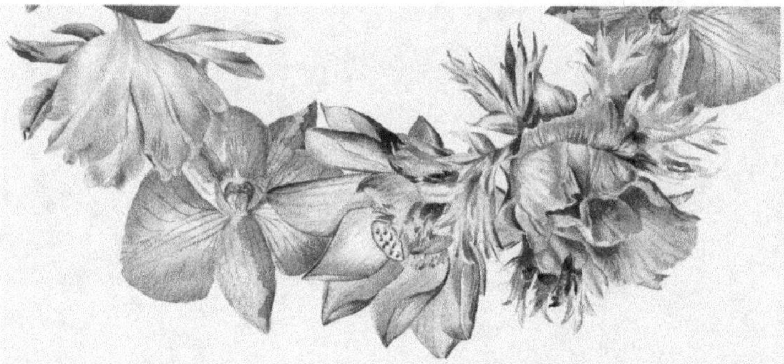

Flores
Y
Cactus

Libro Para Colorear Facilmente Para Adultos

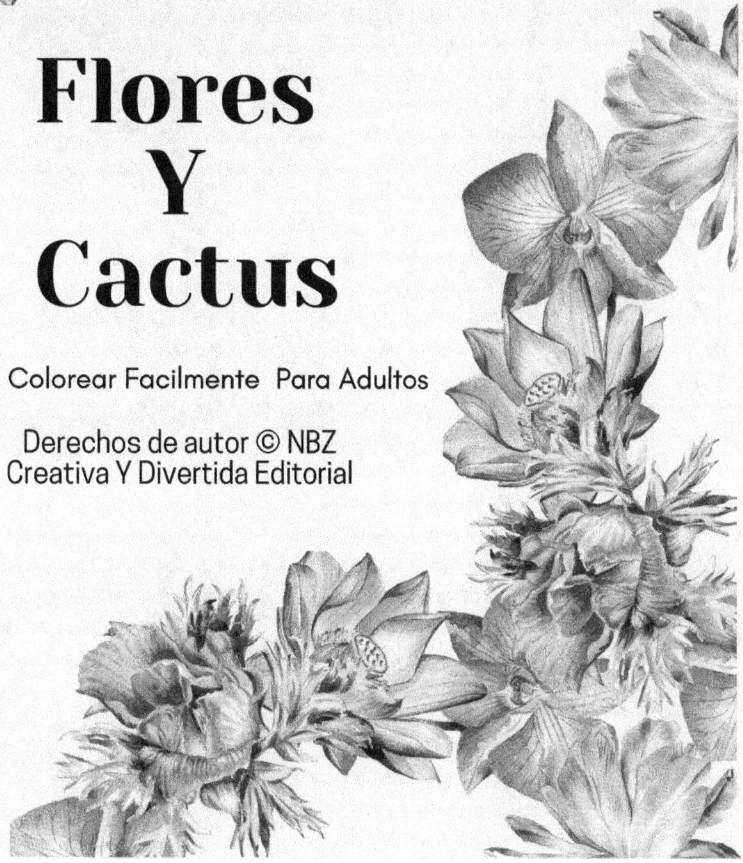

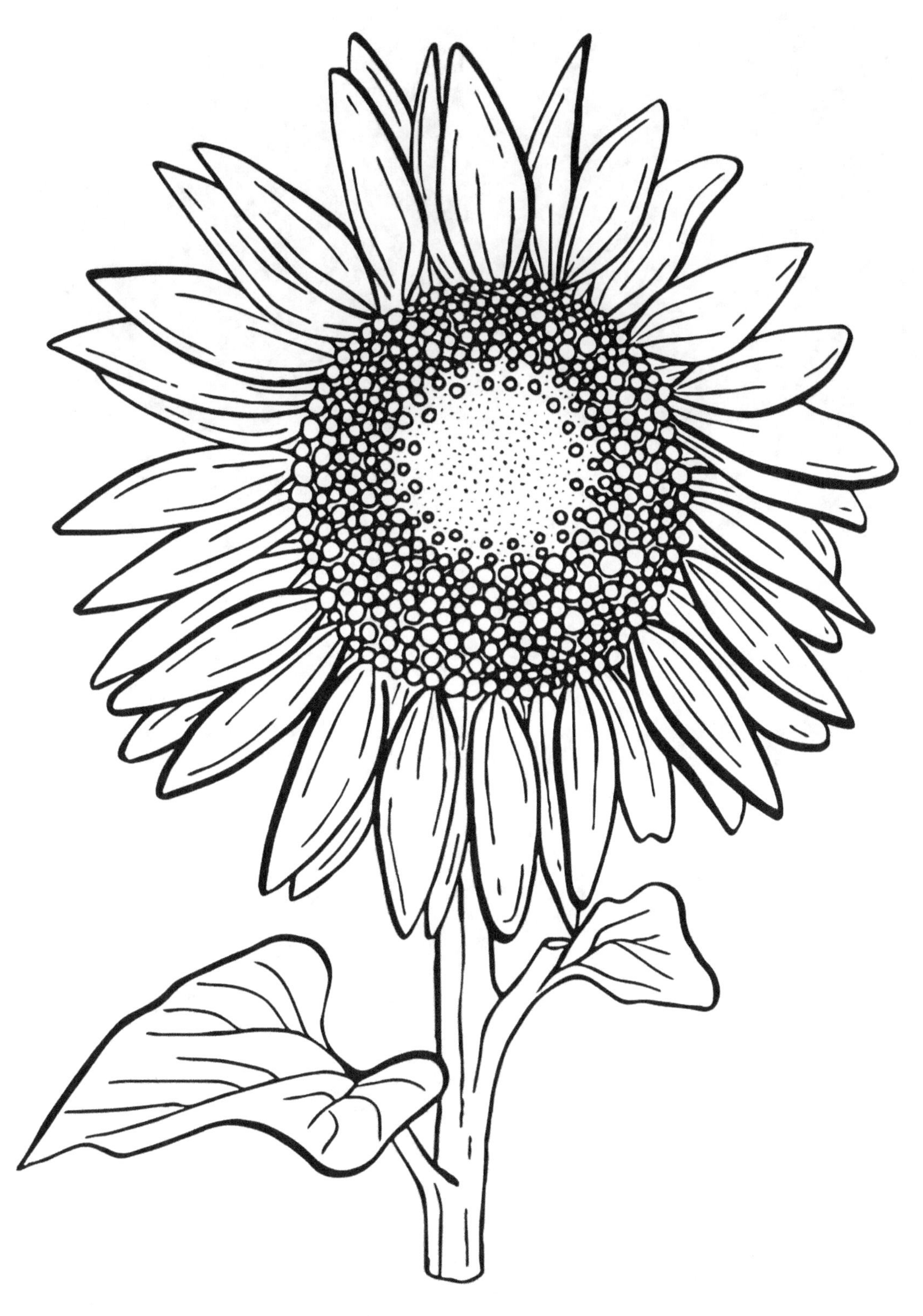

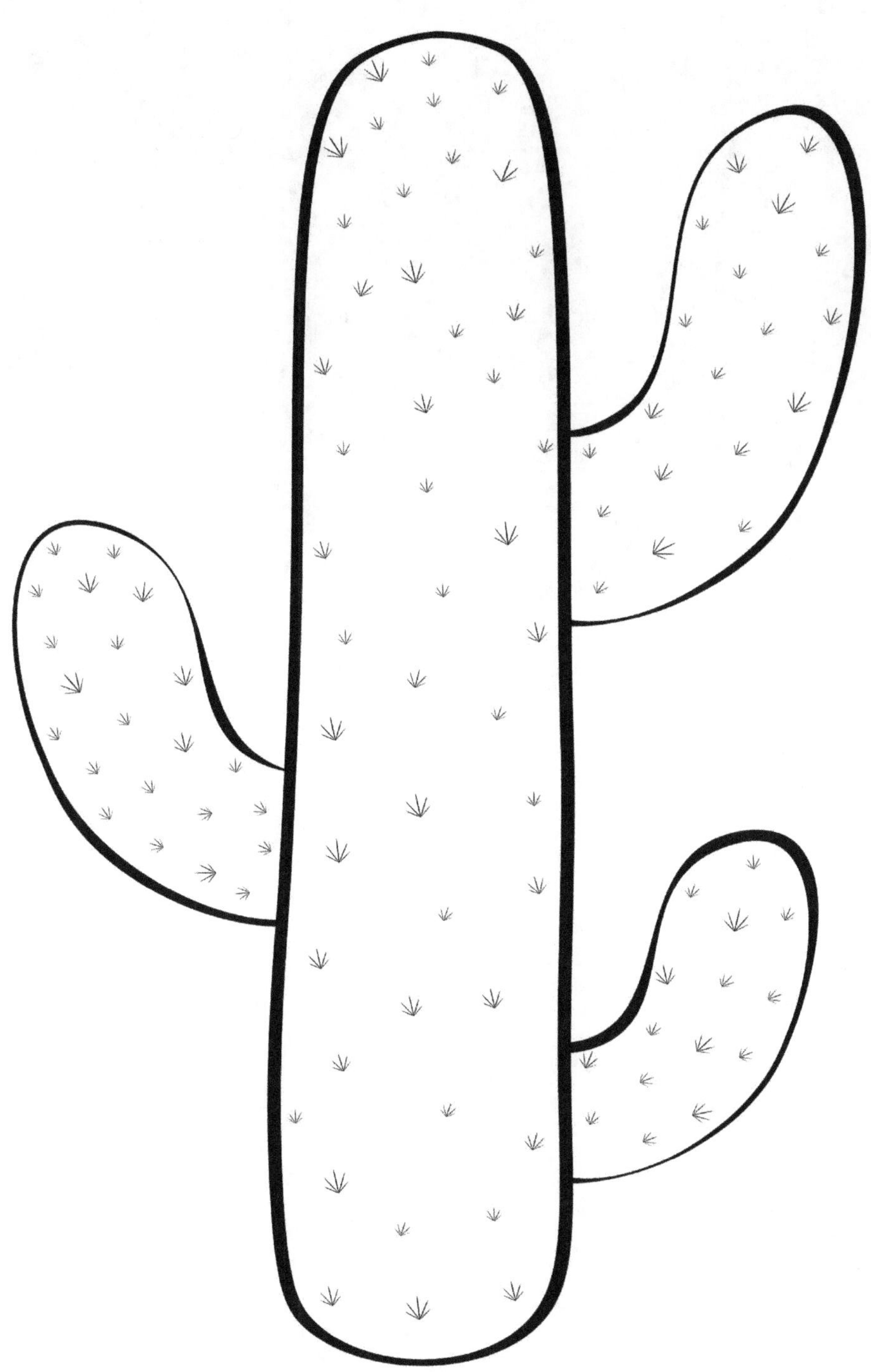

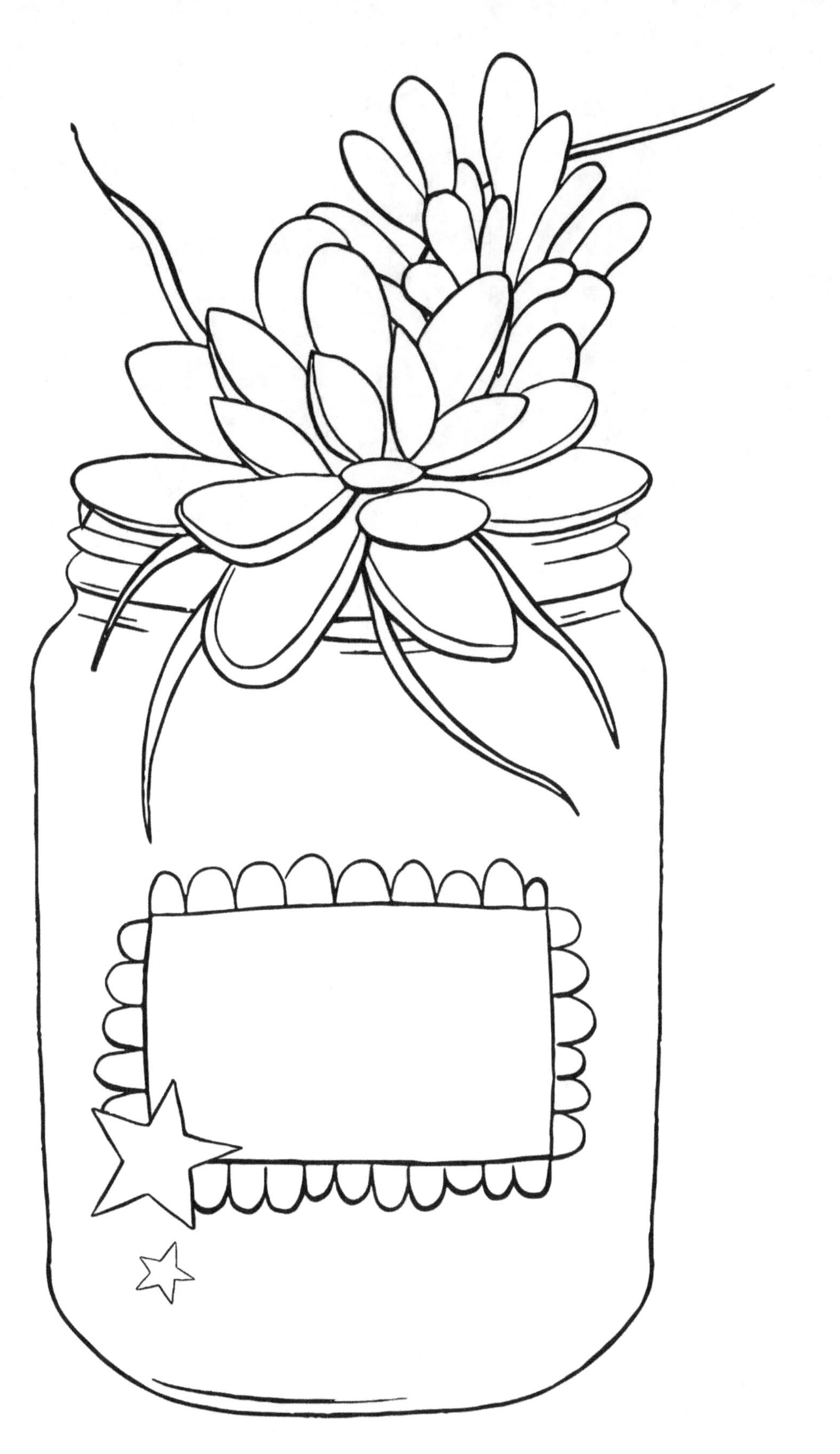

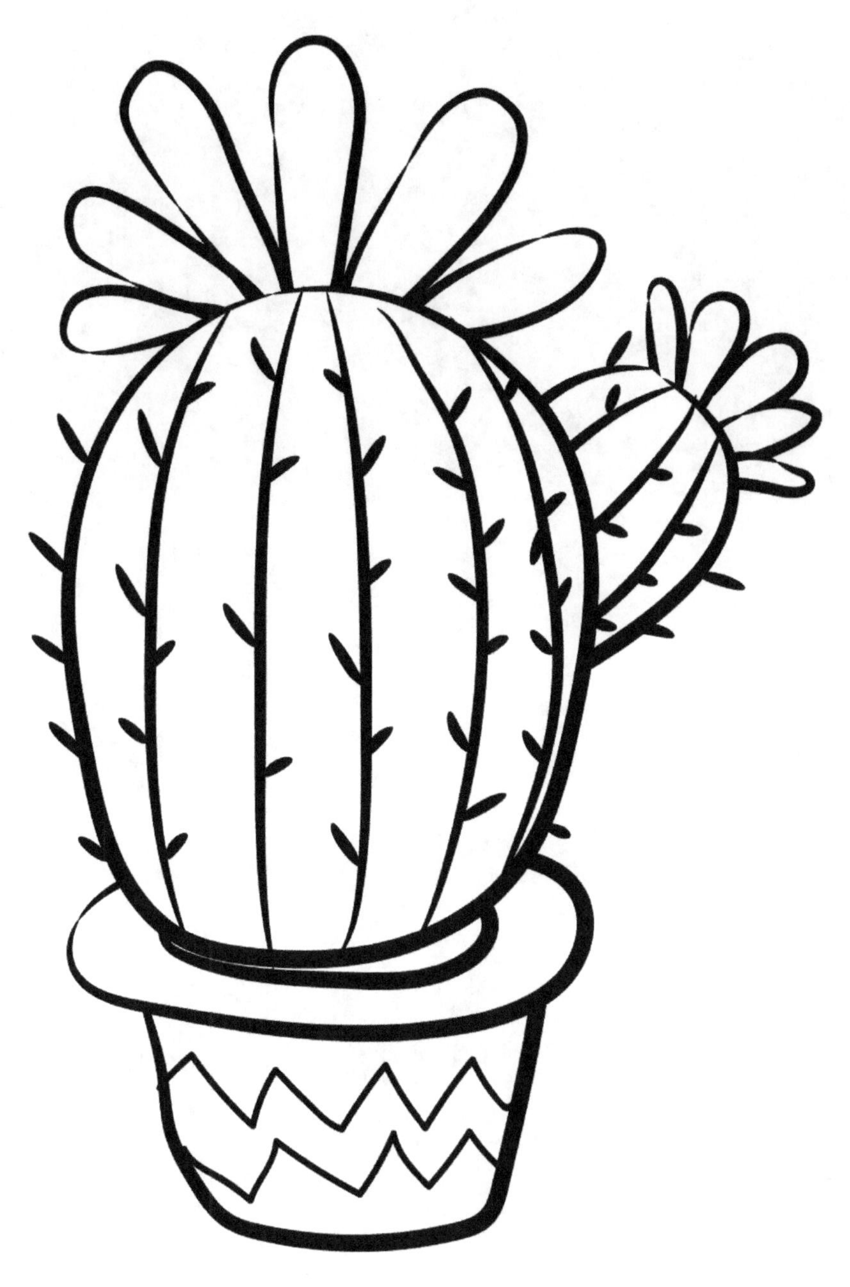

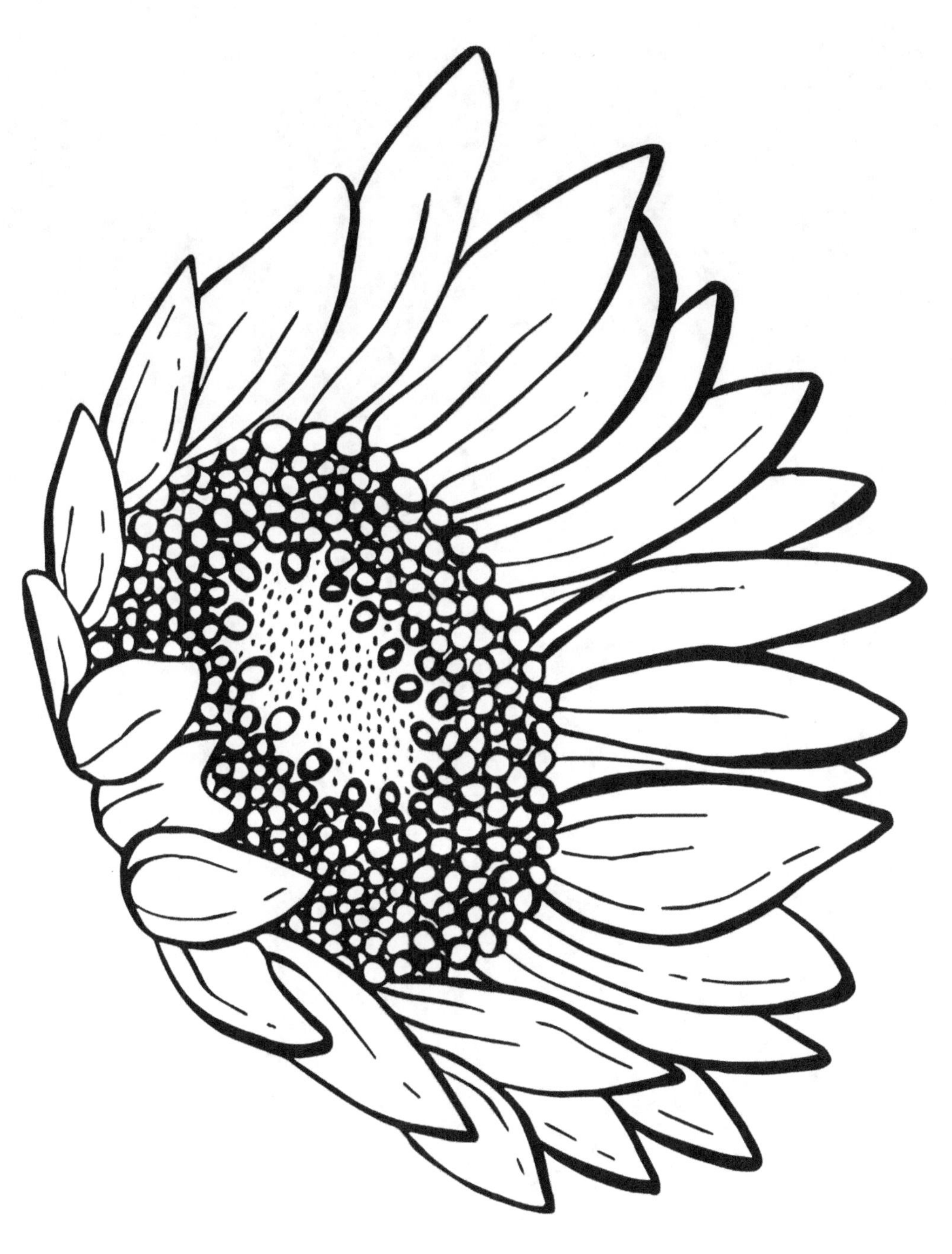

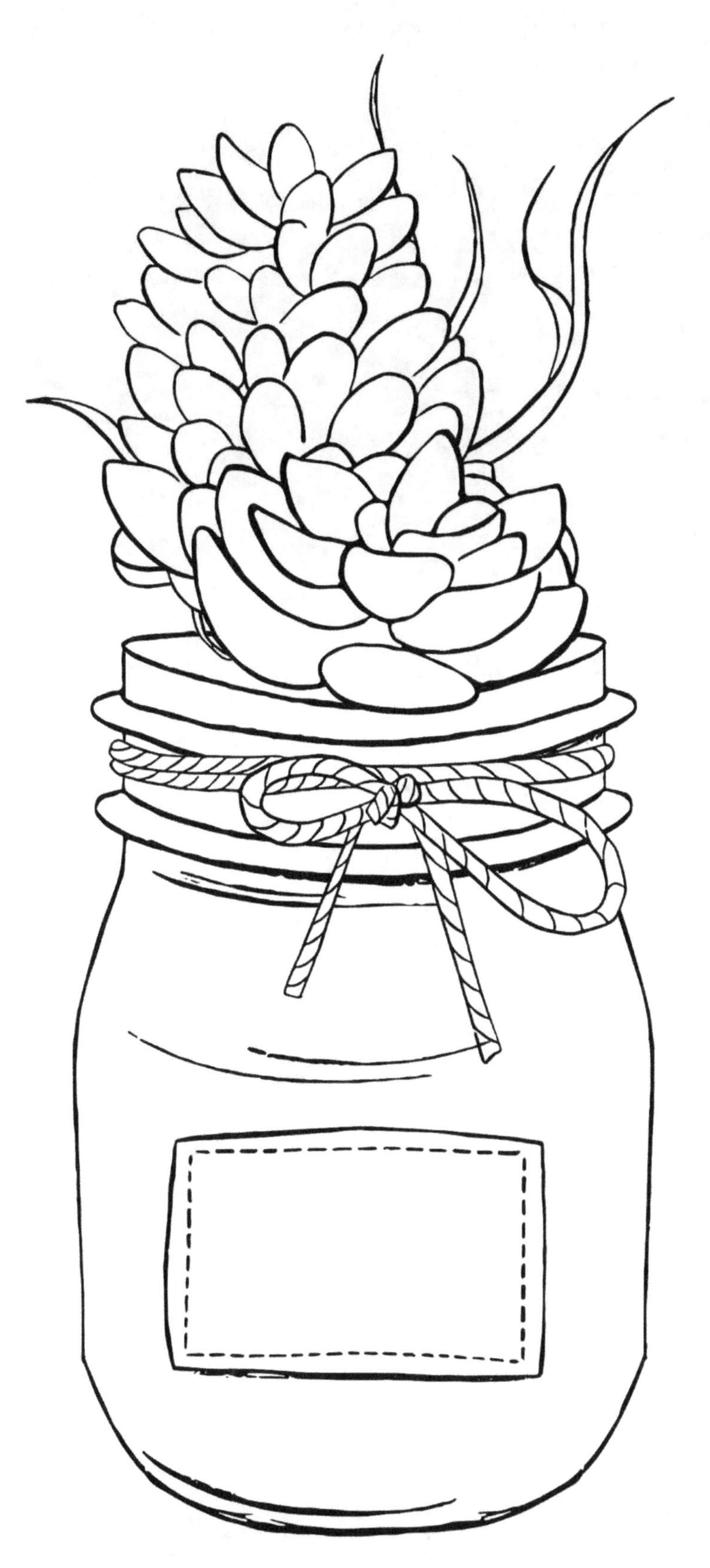

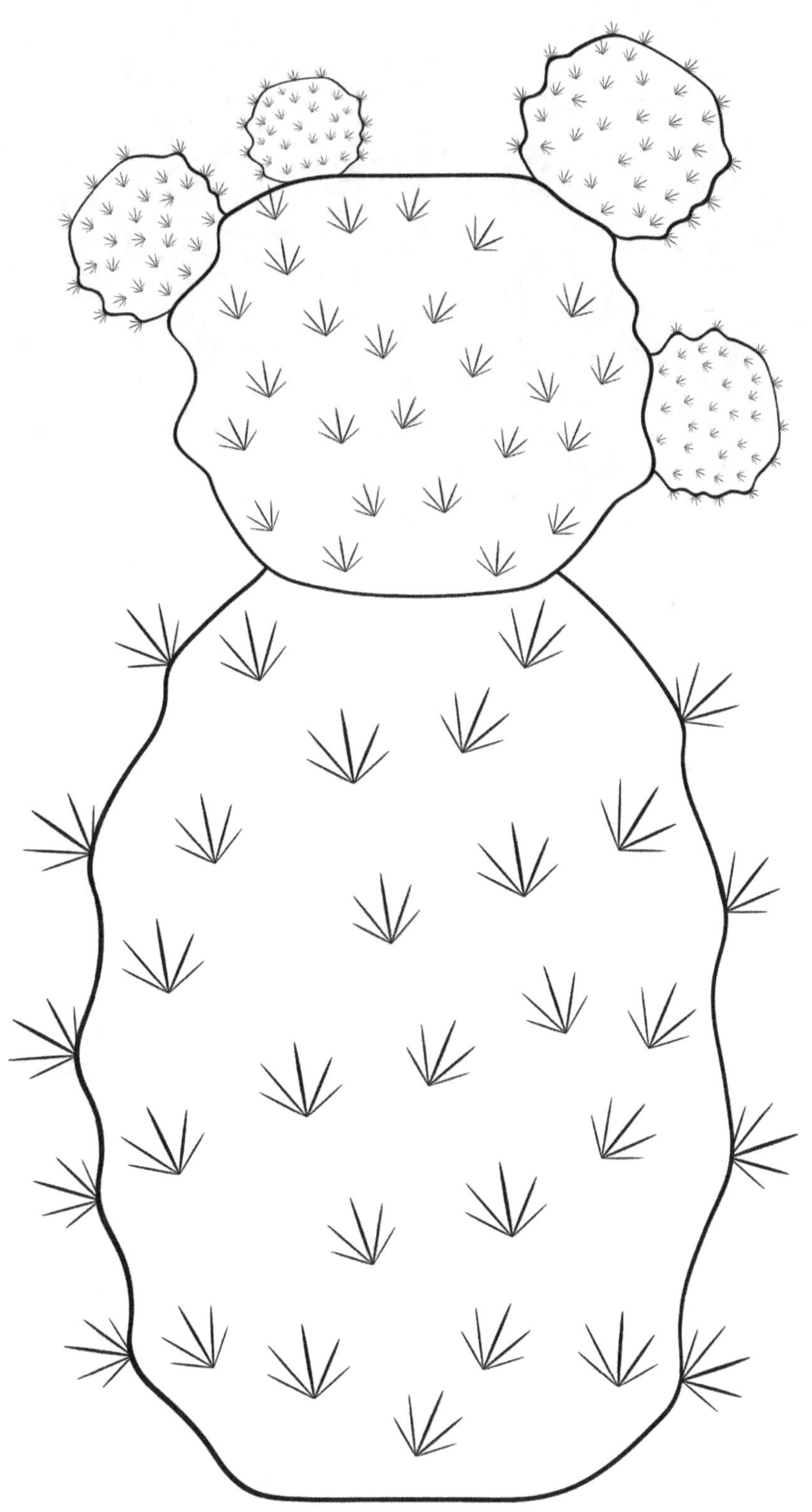

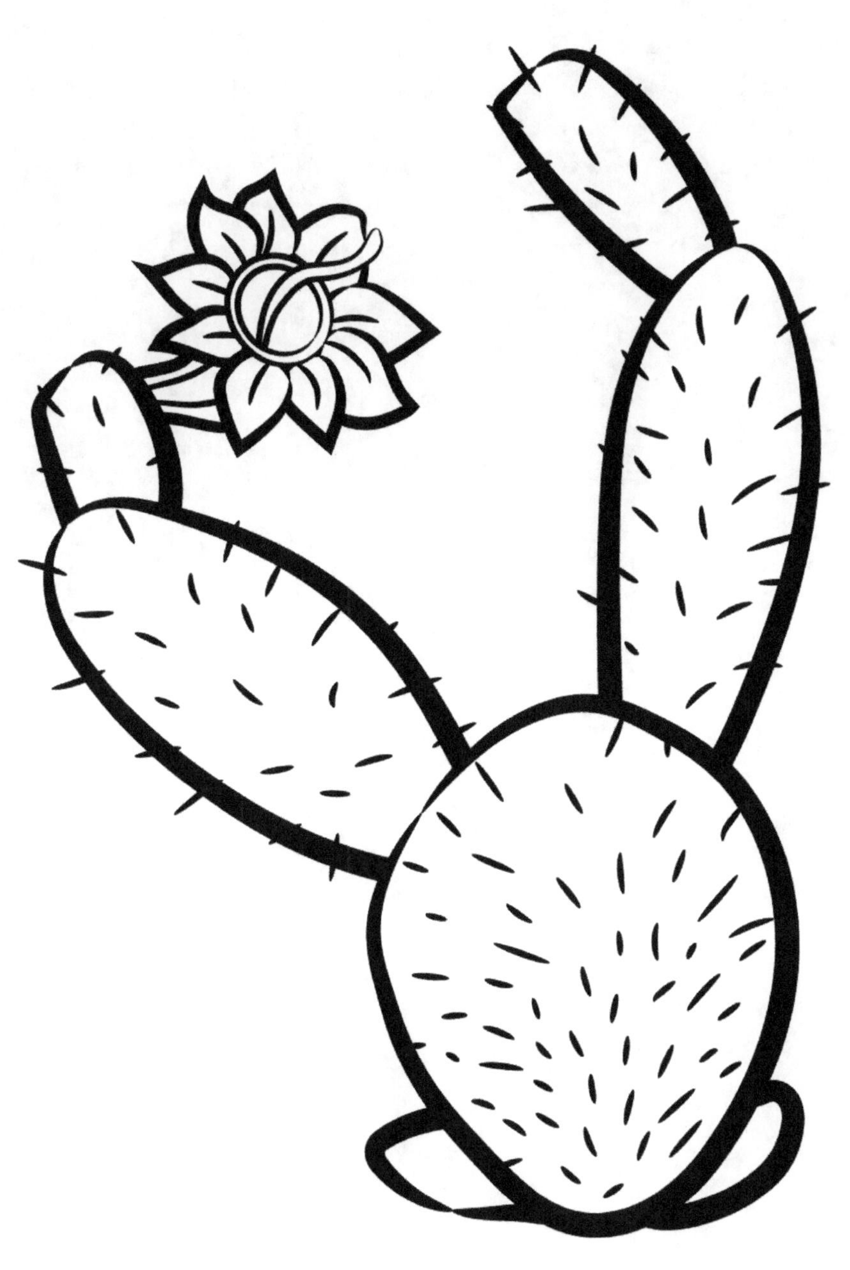

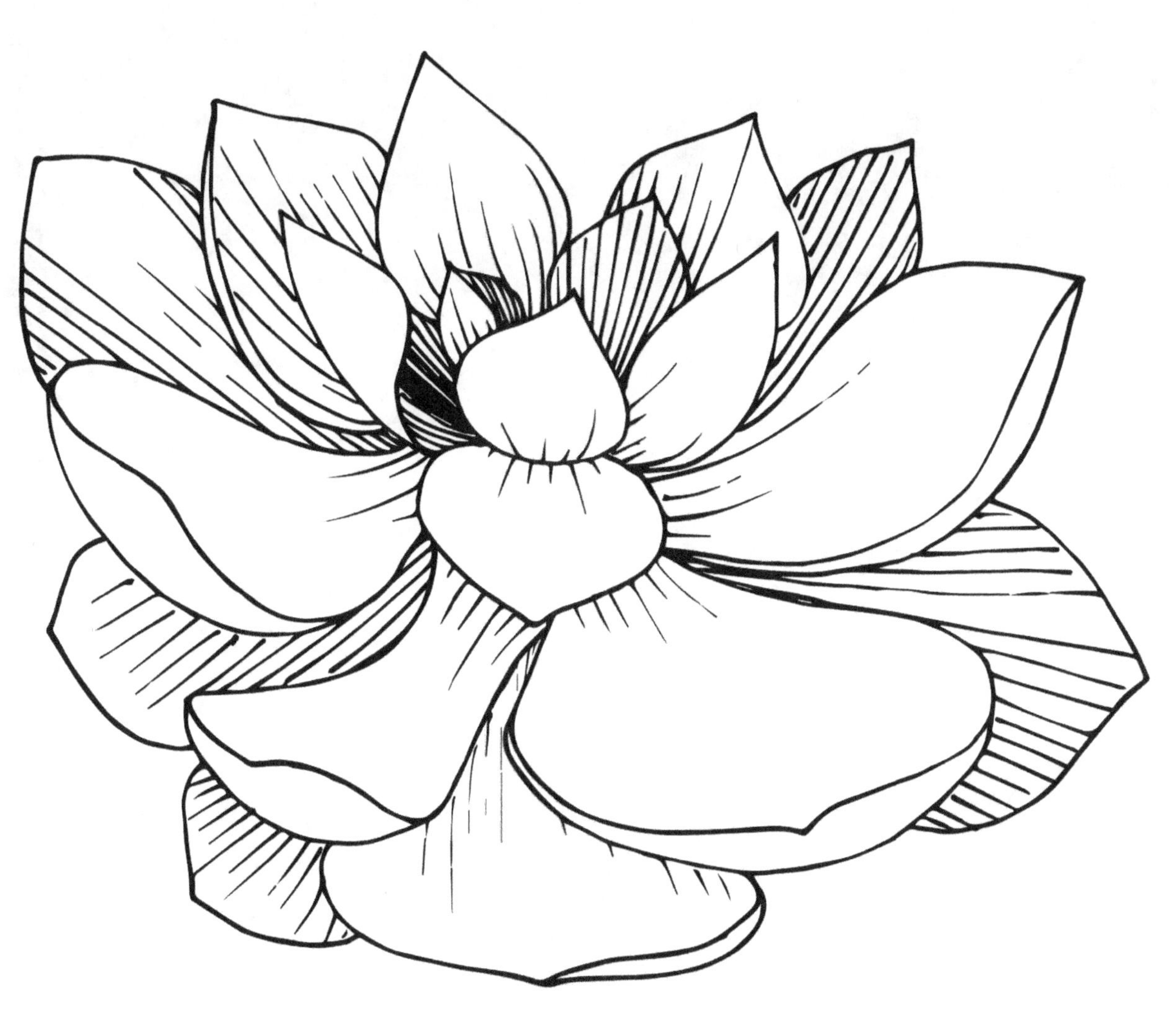

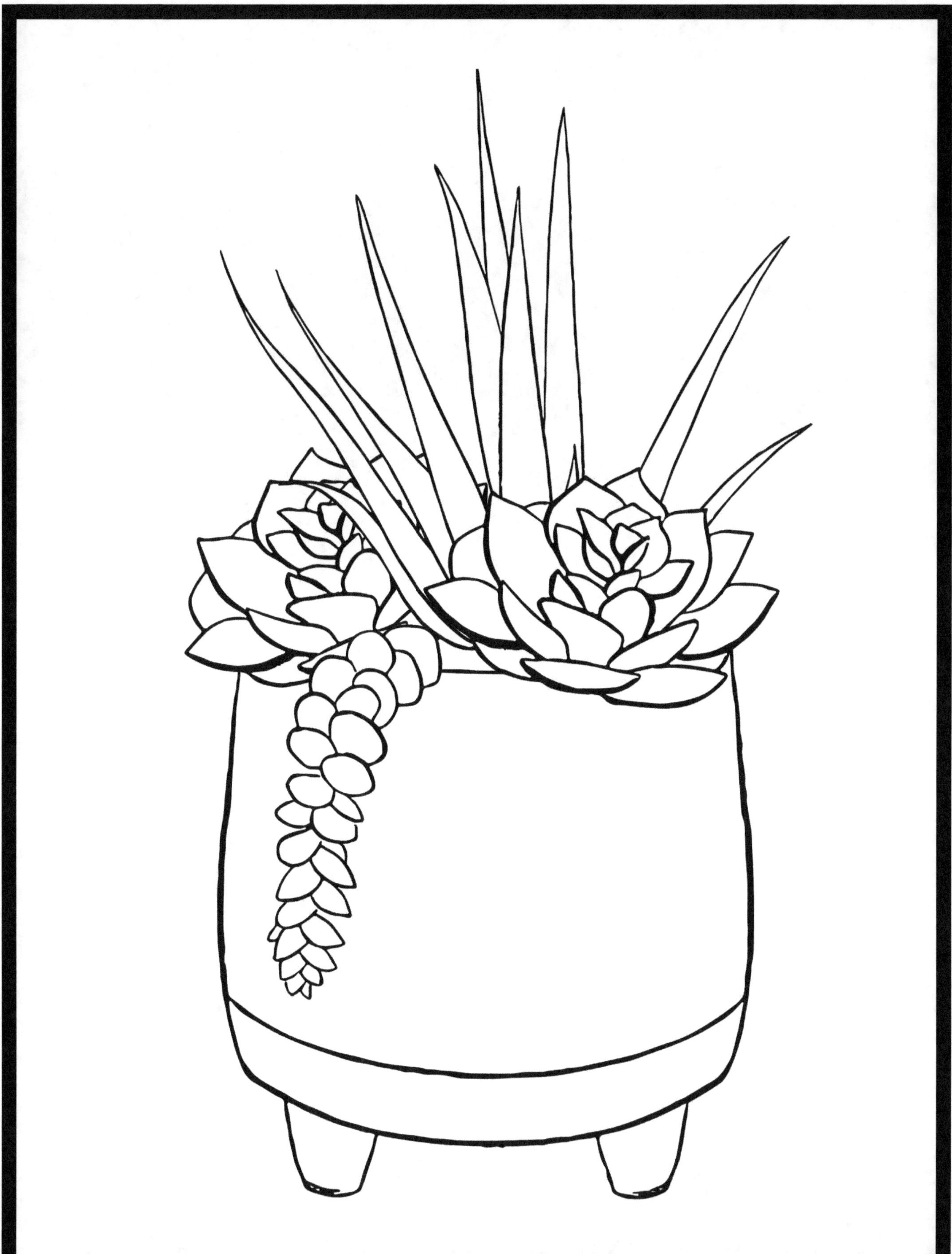

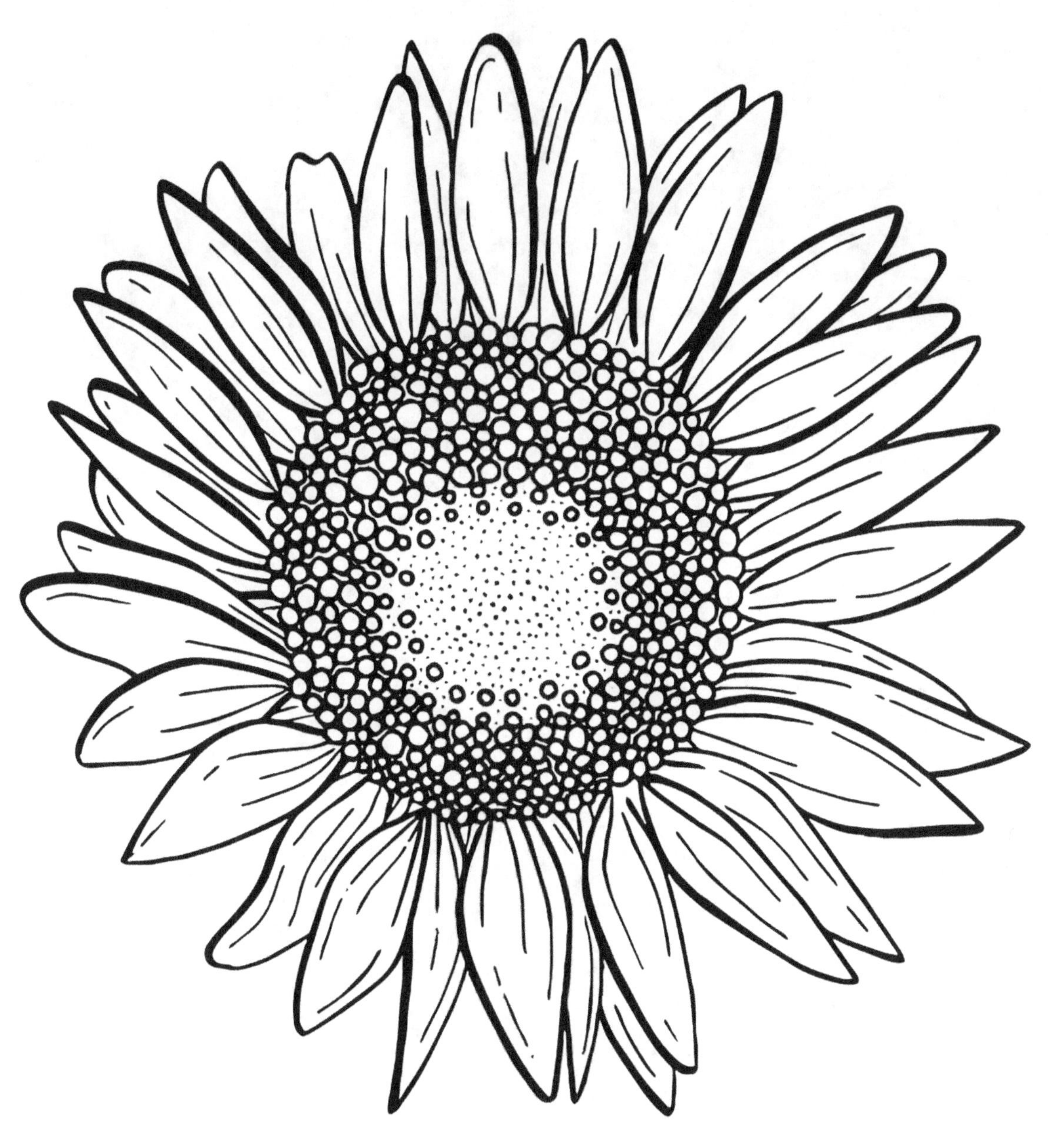

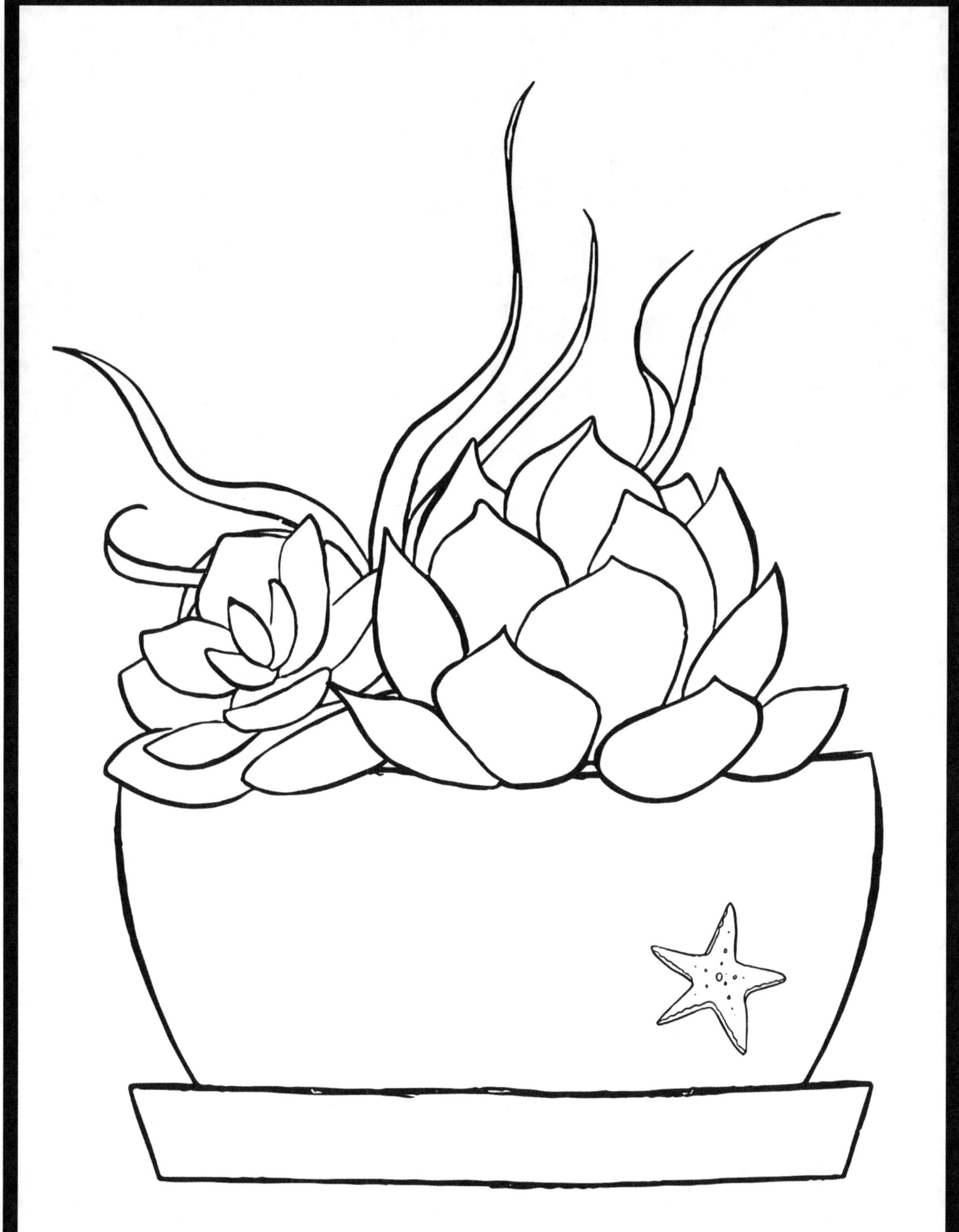

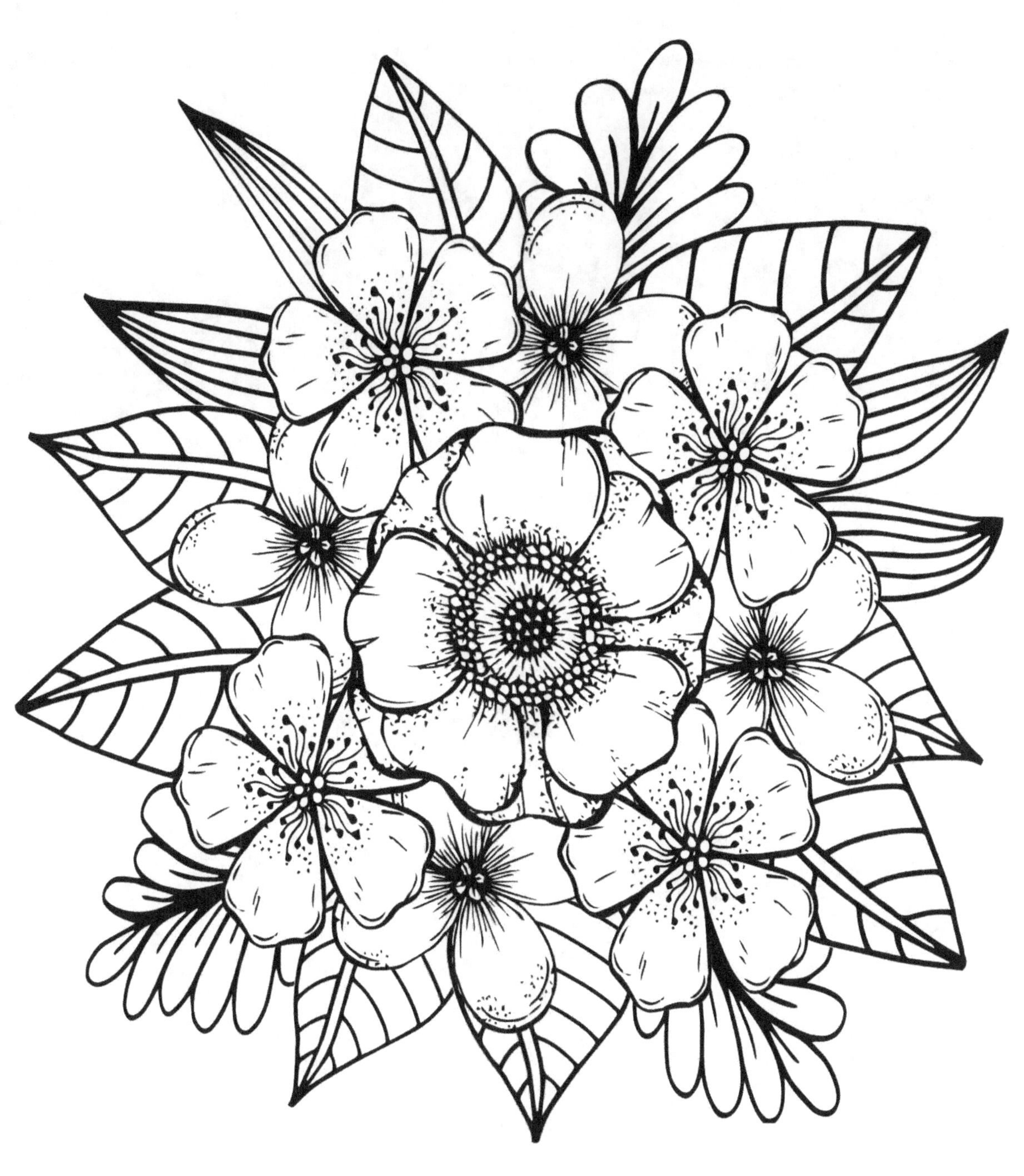

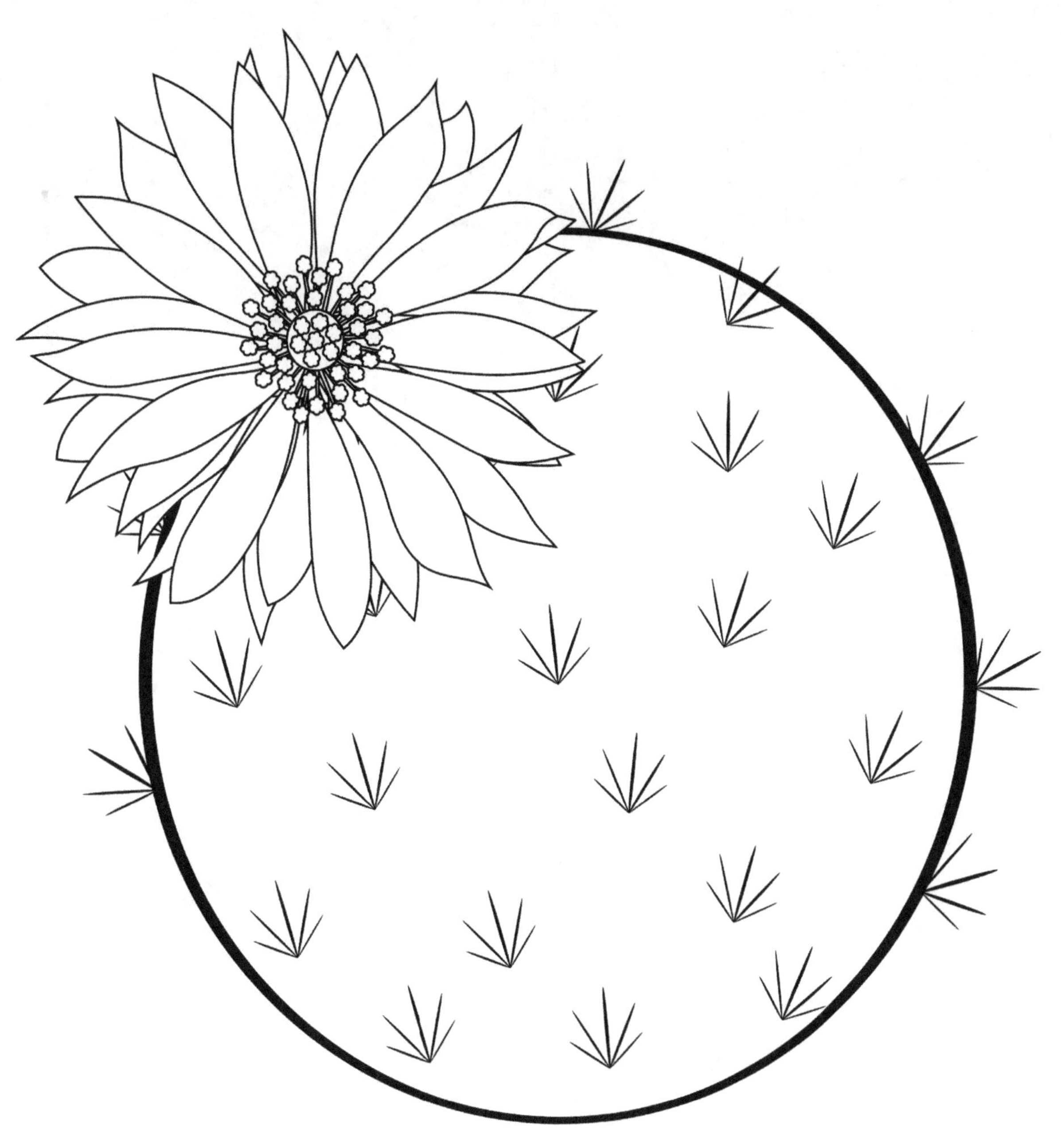

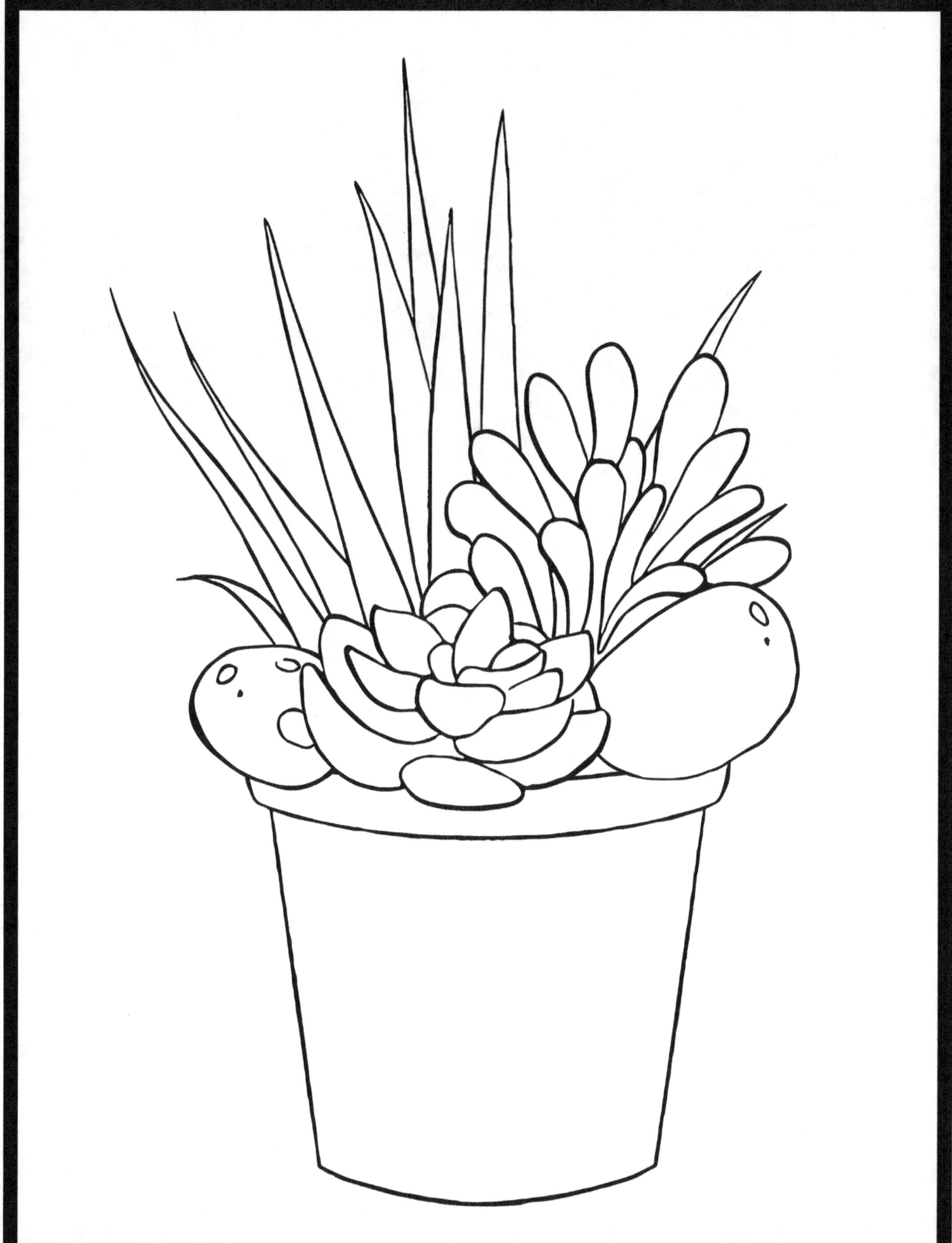

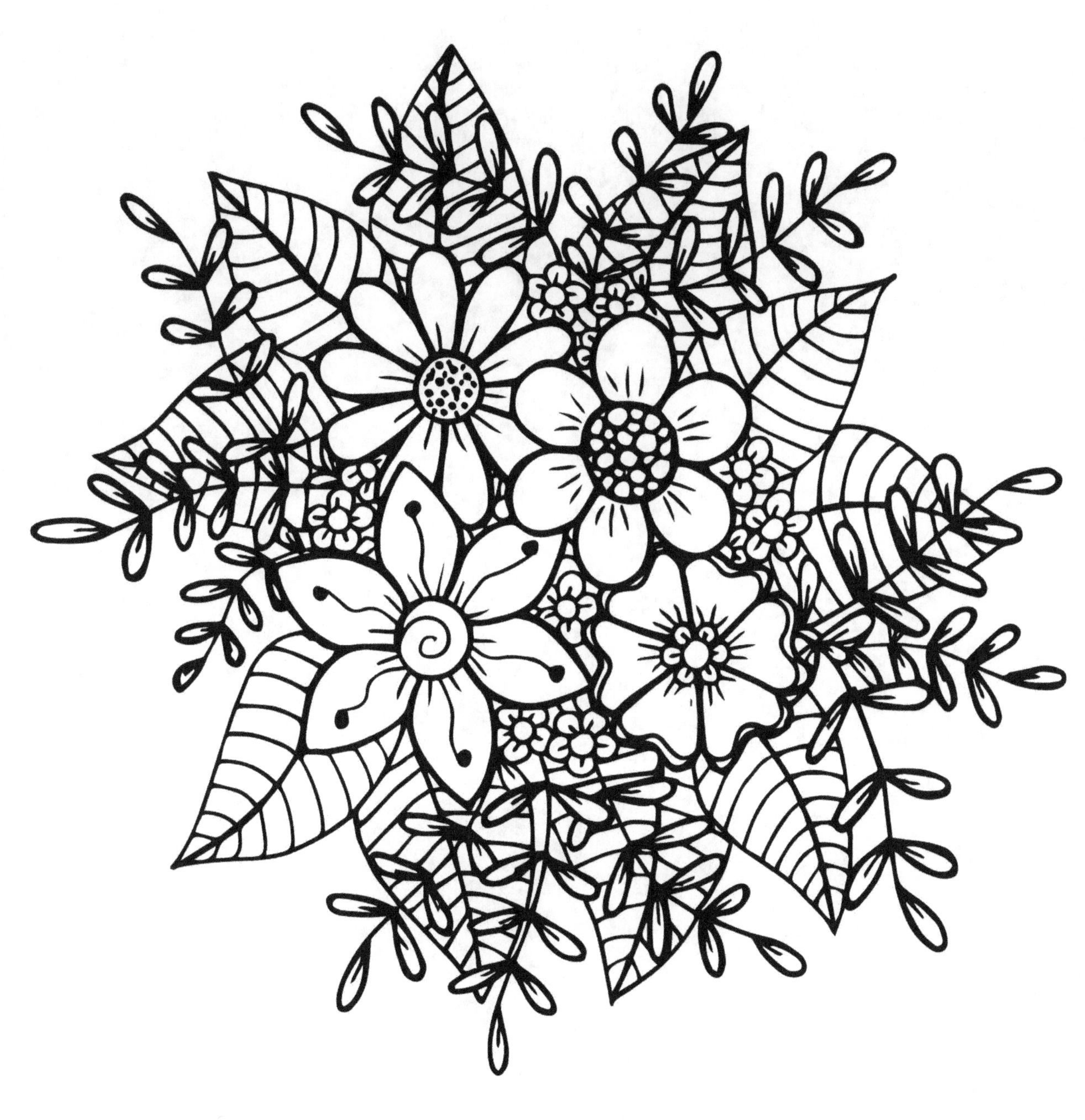

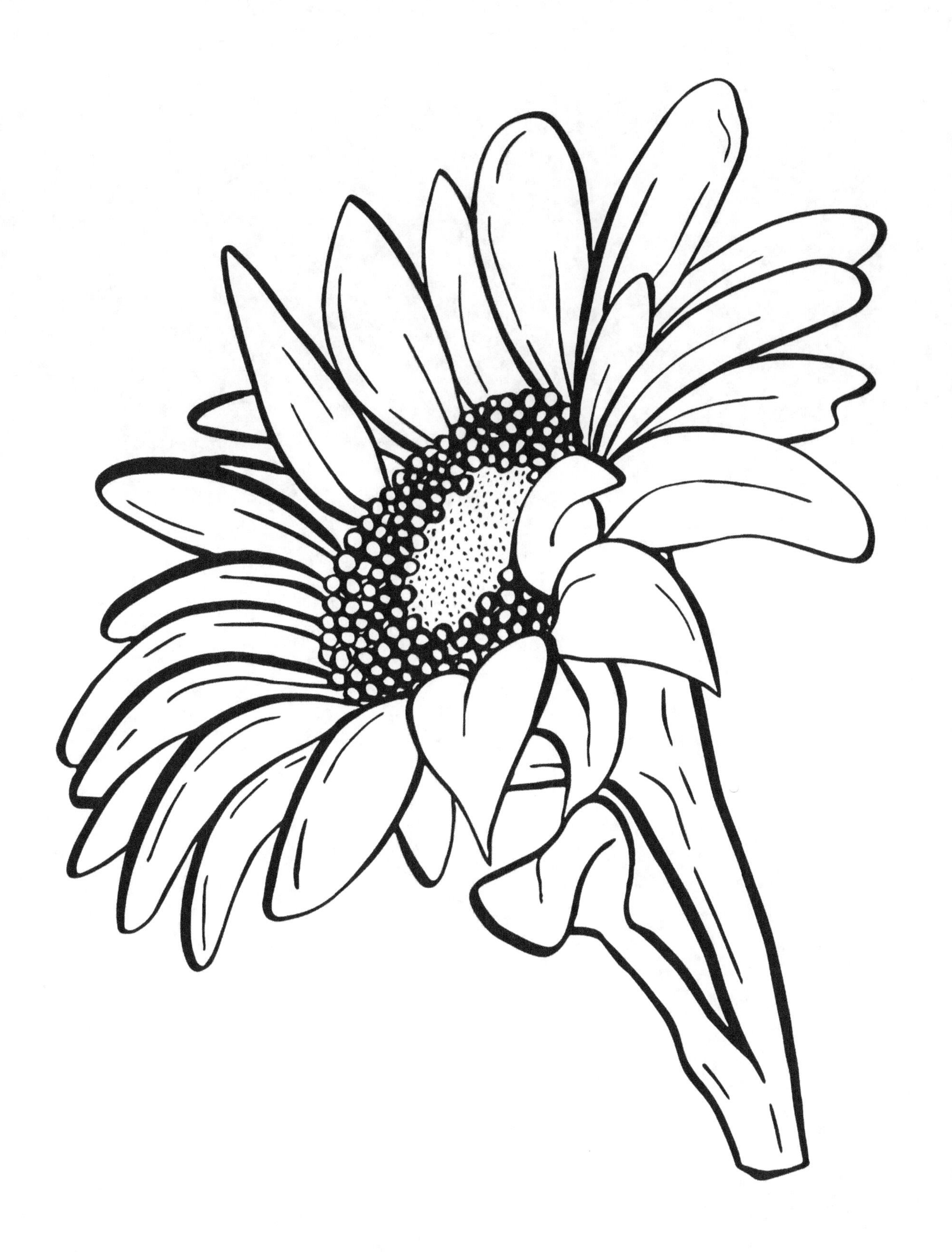

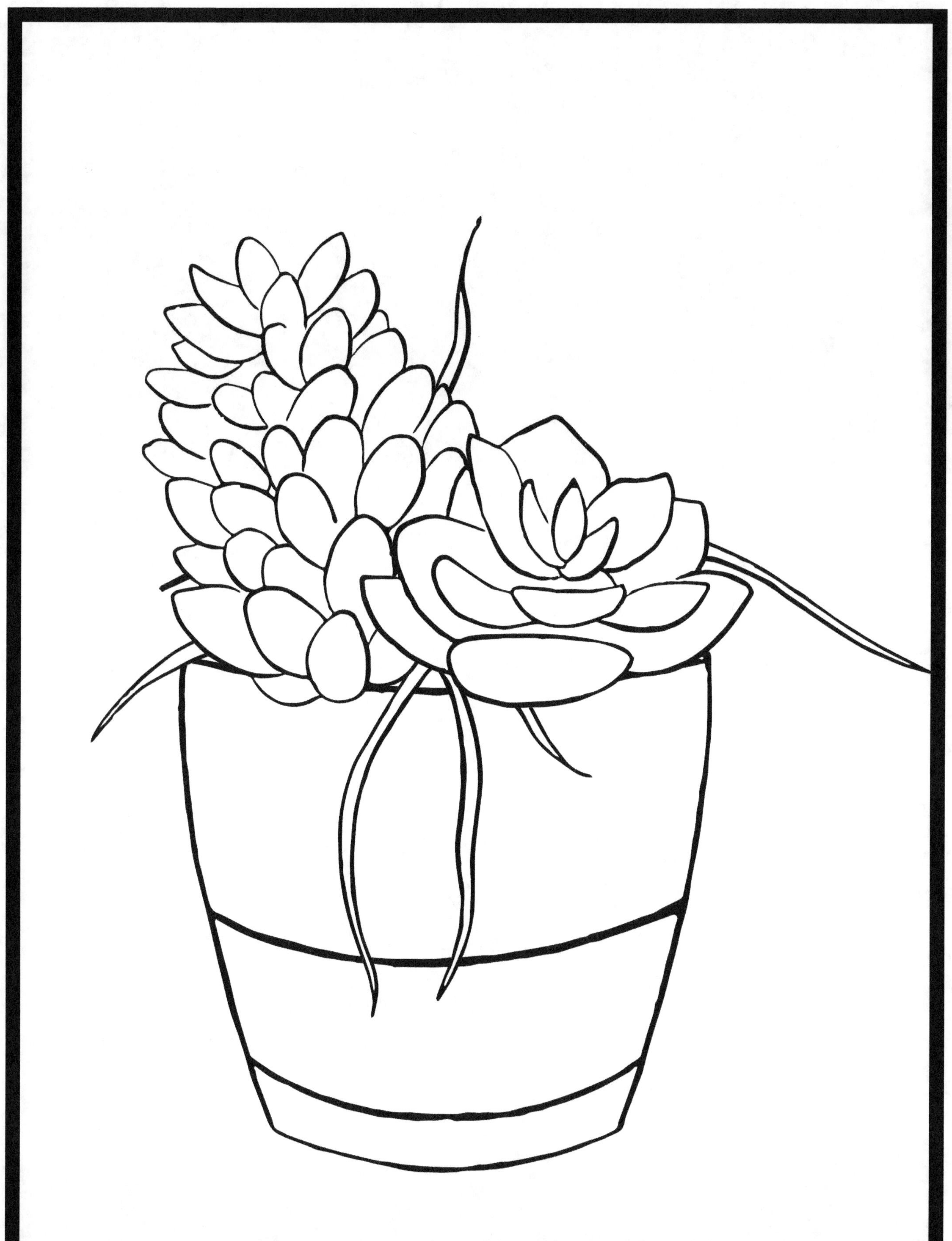

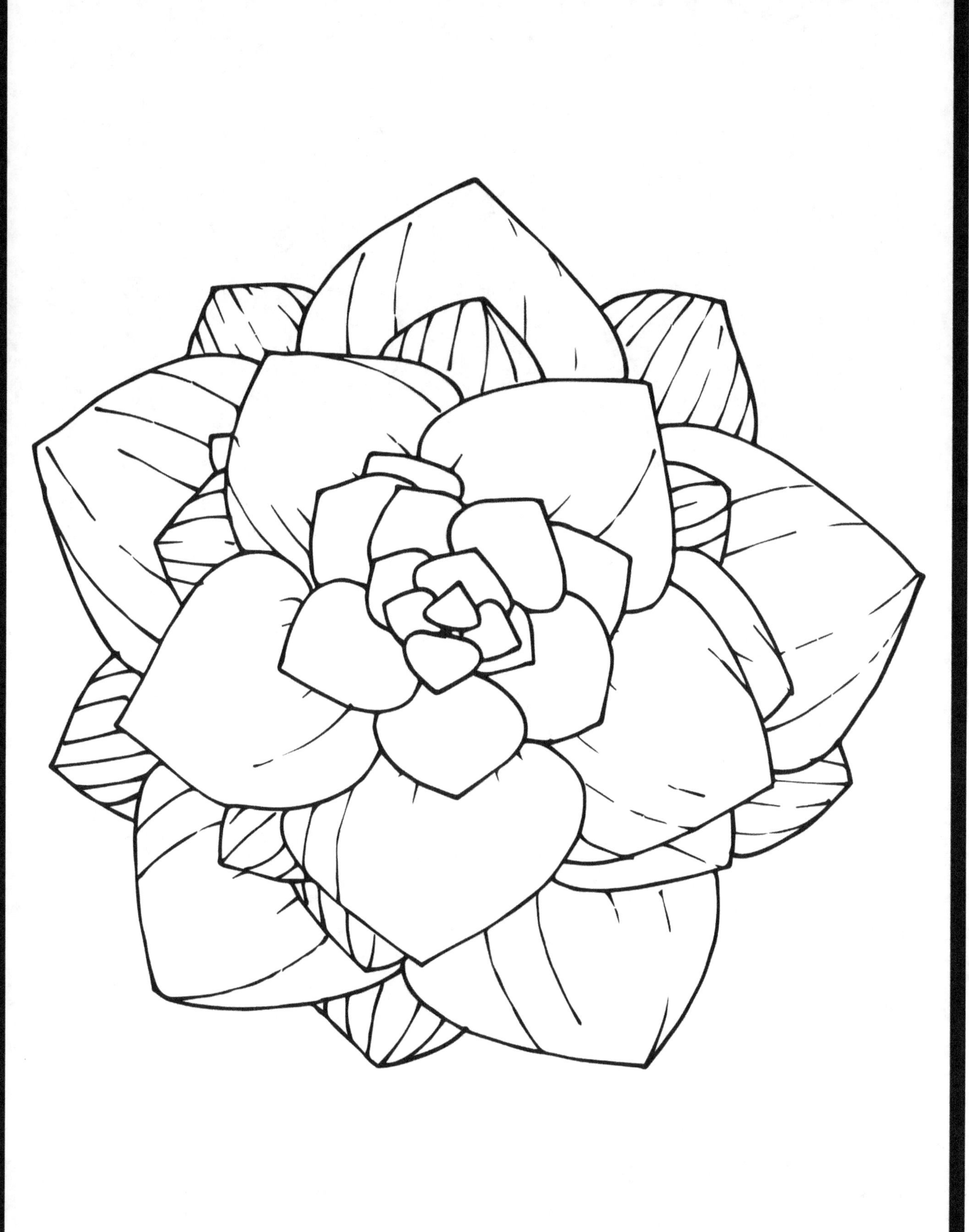

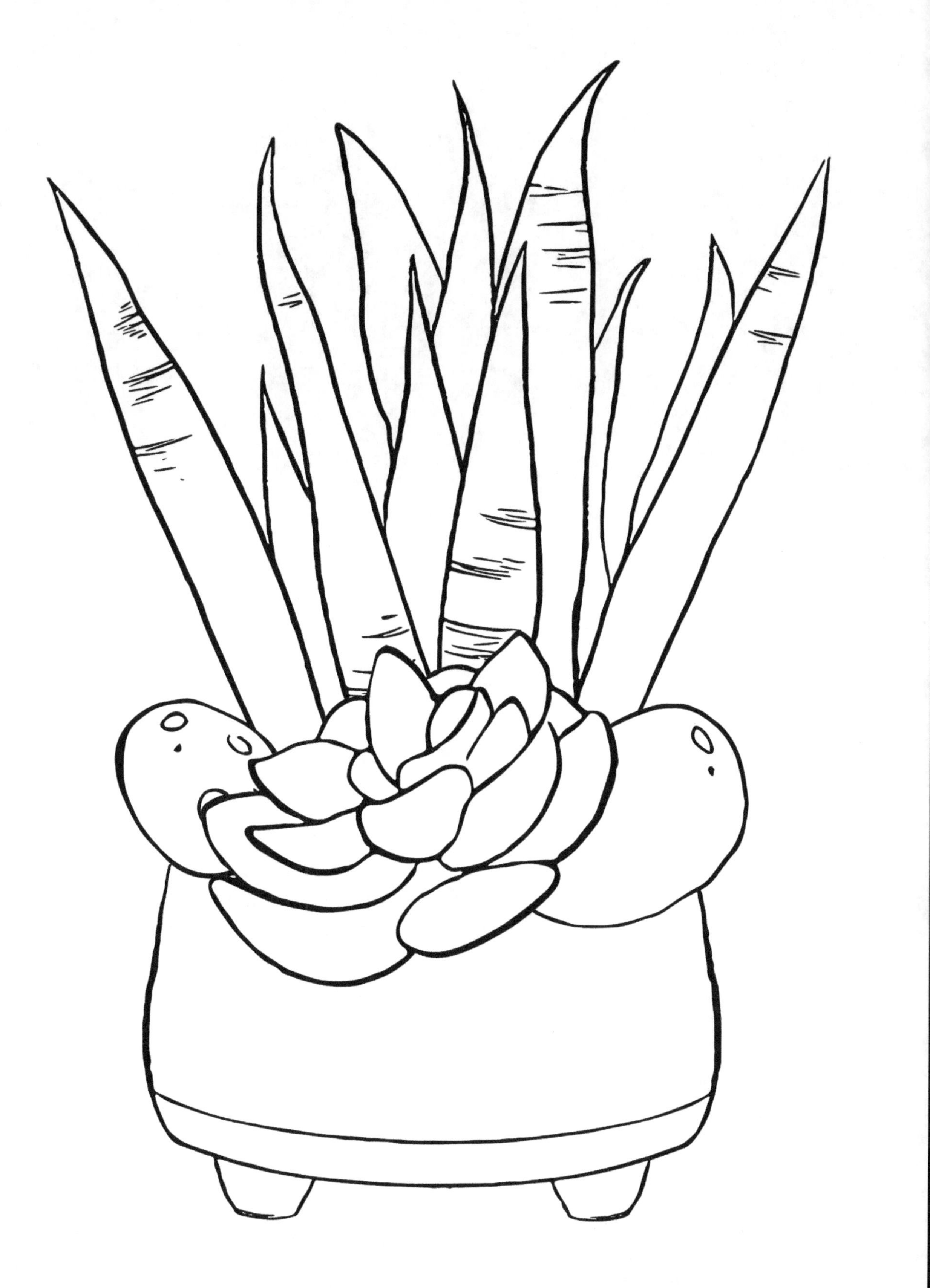

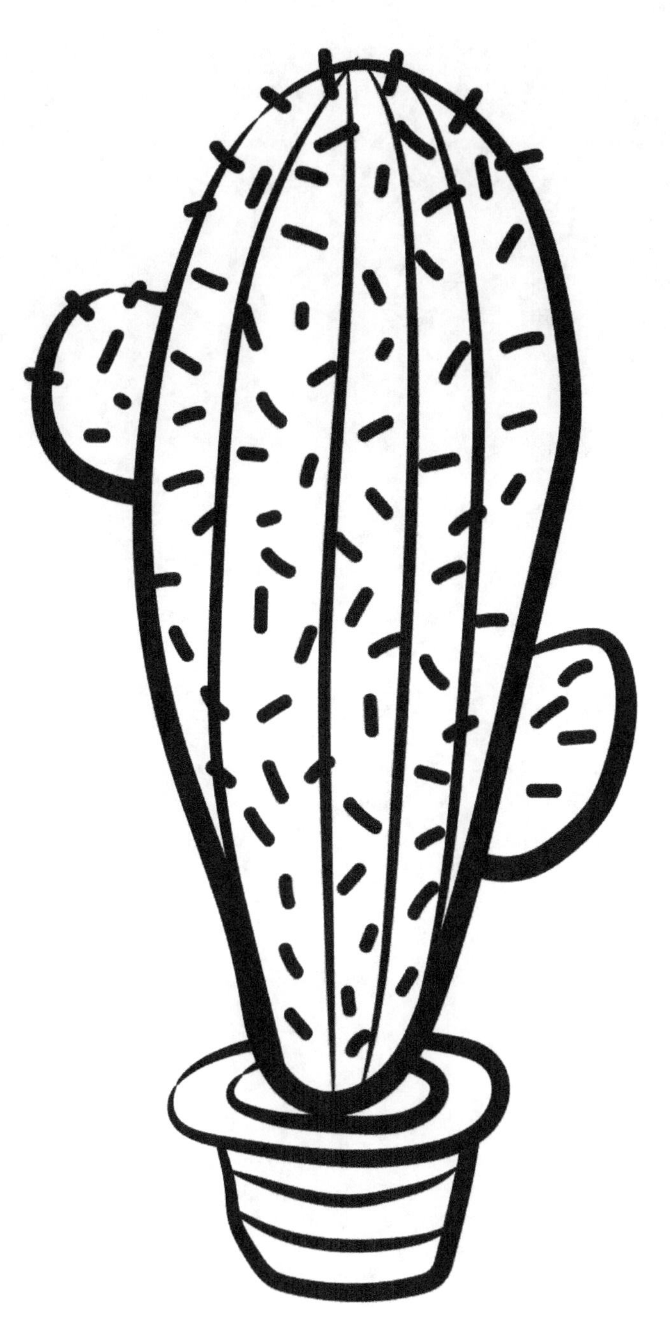

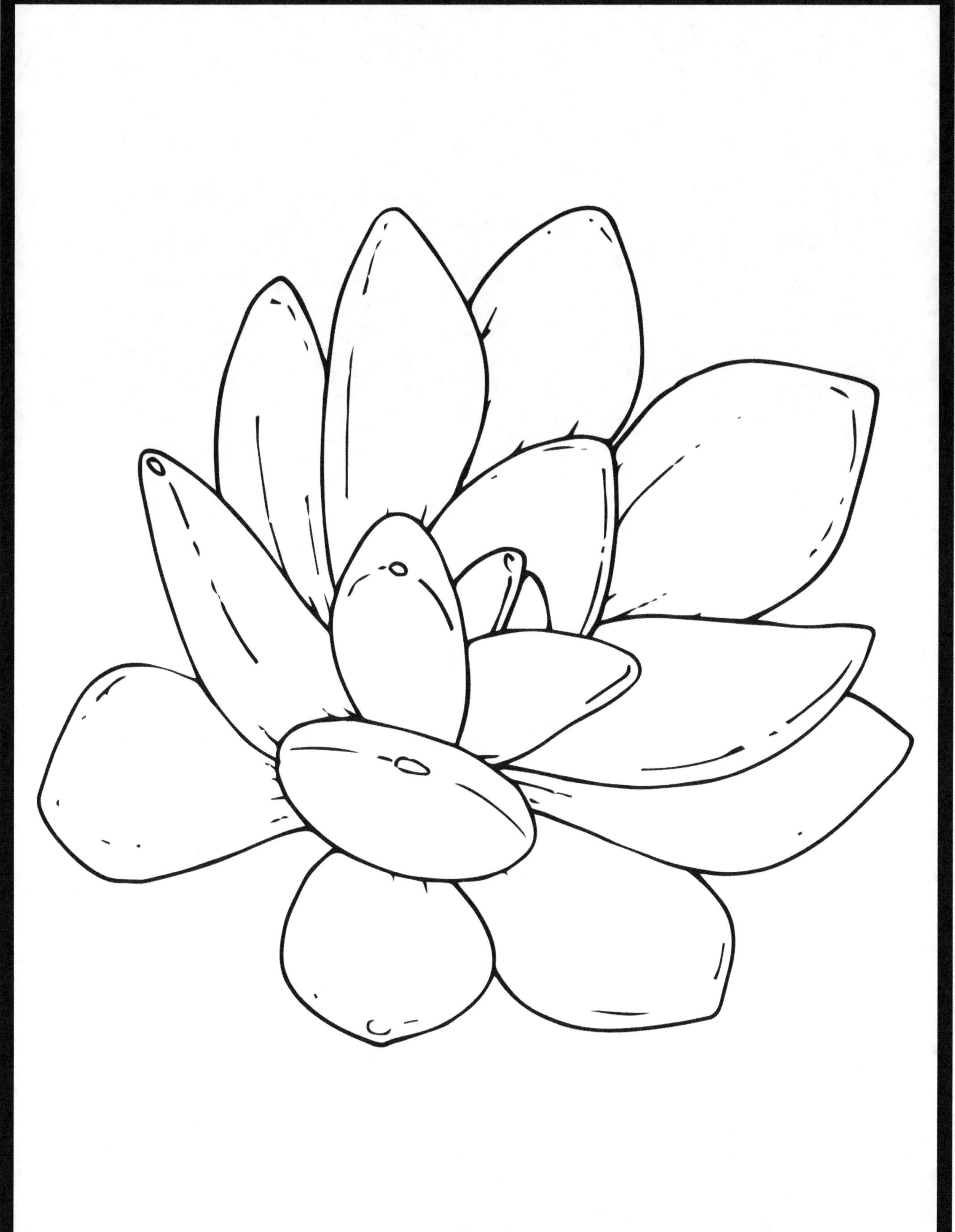

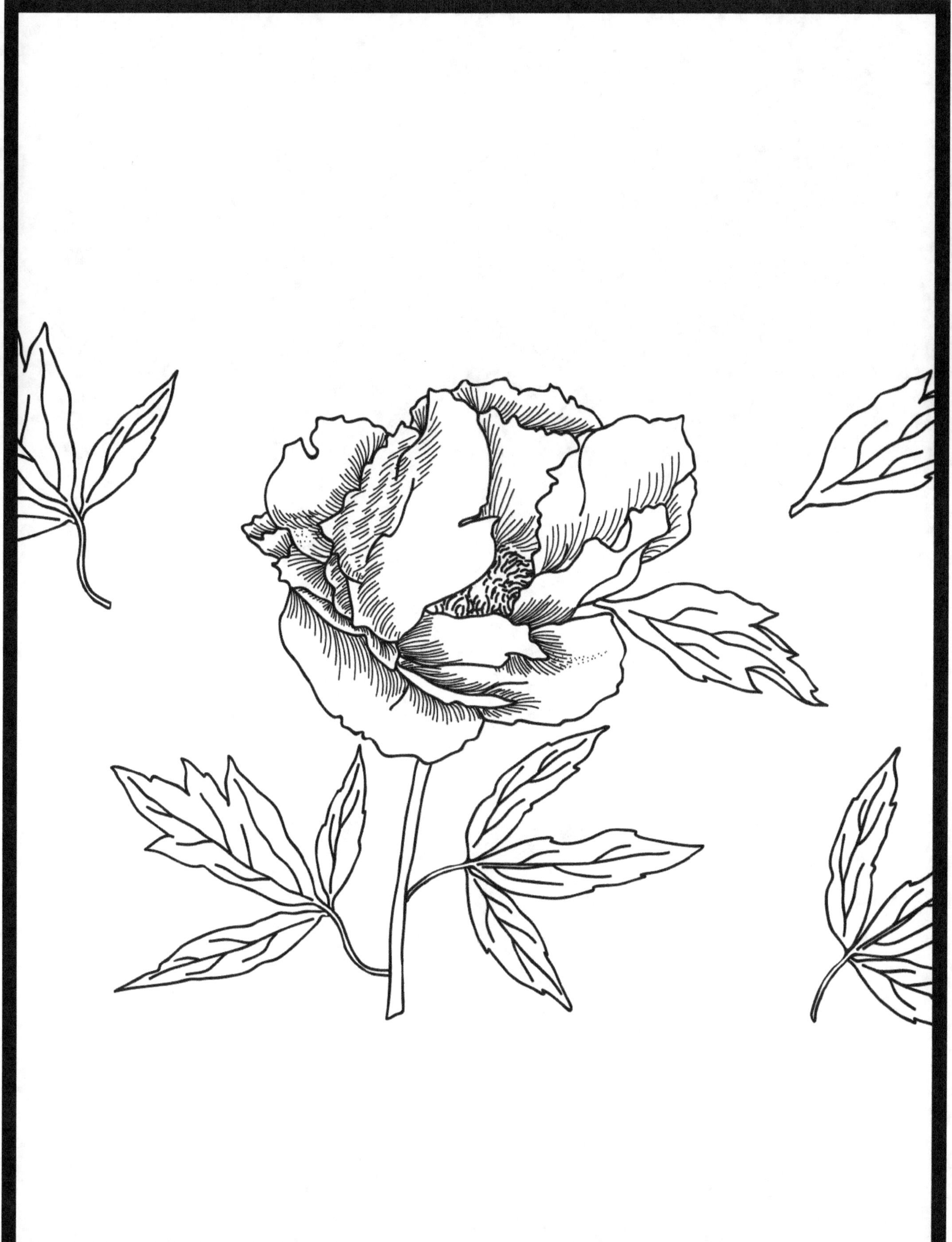

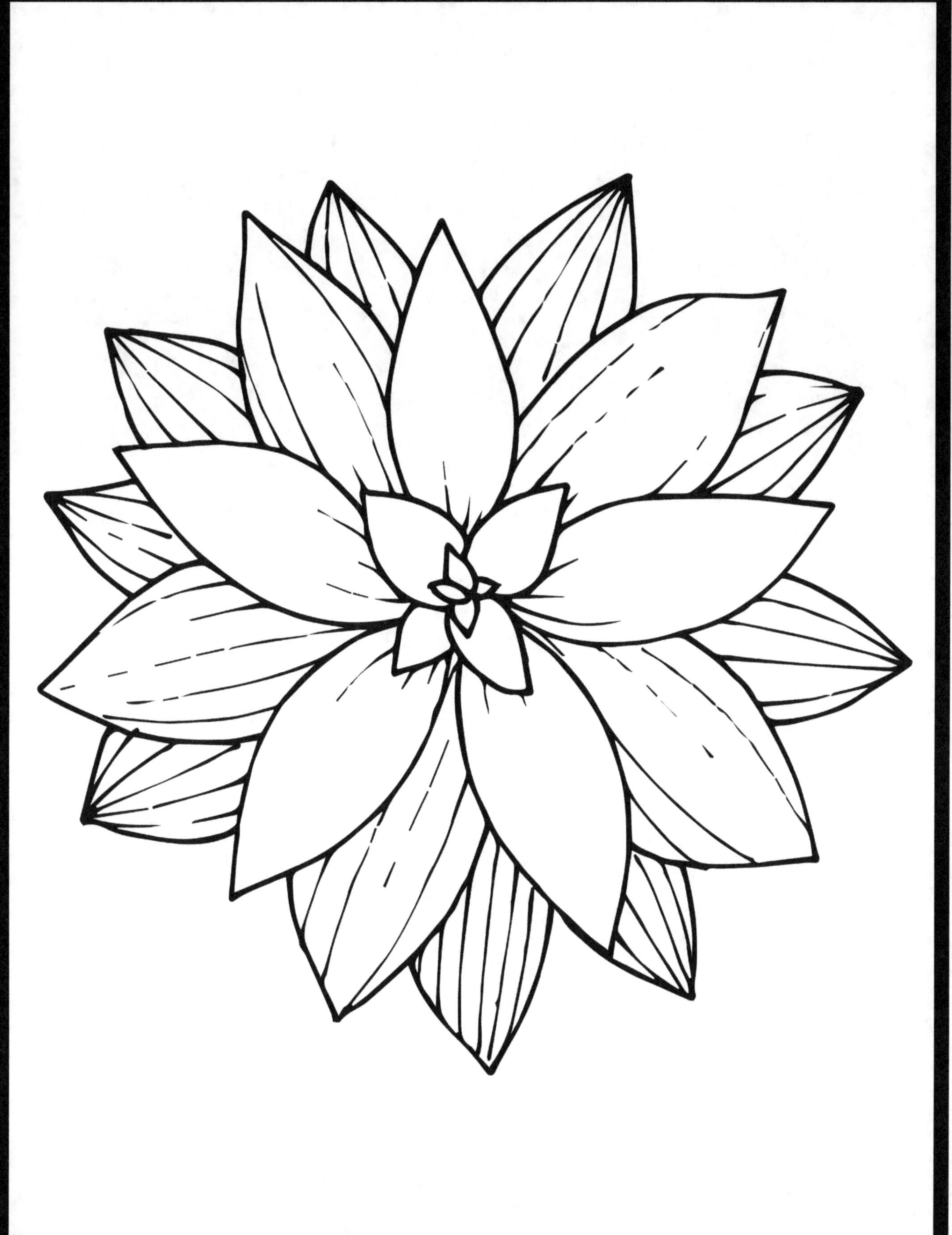

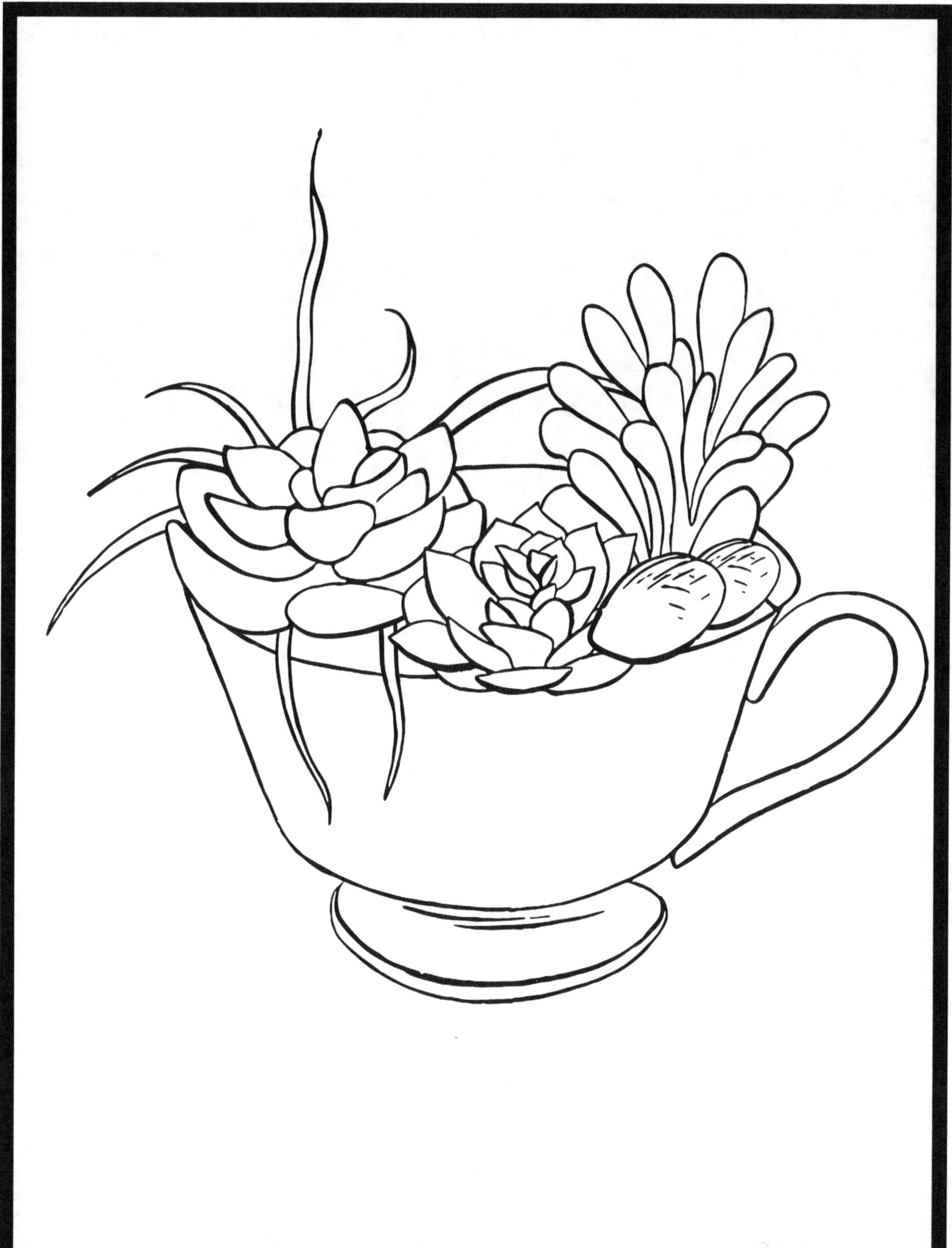

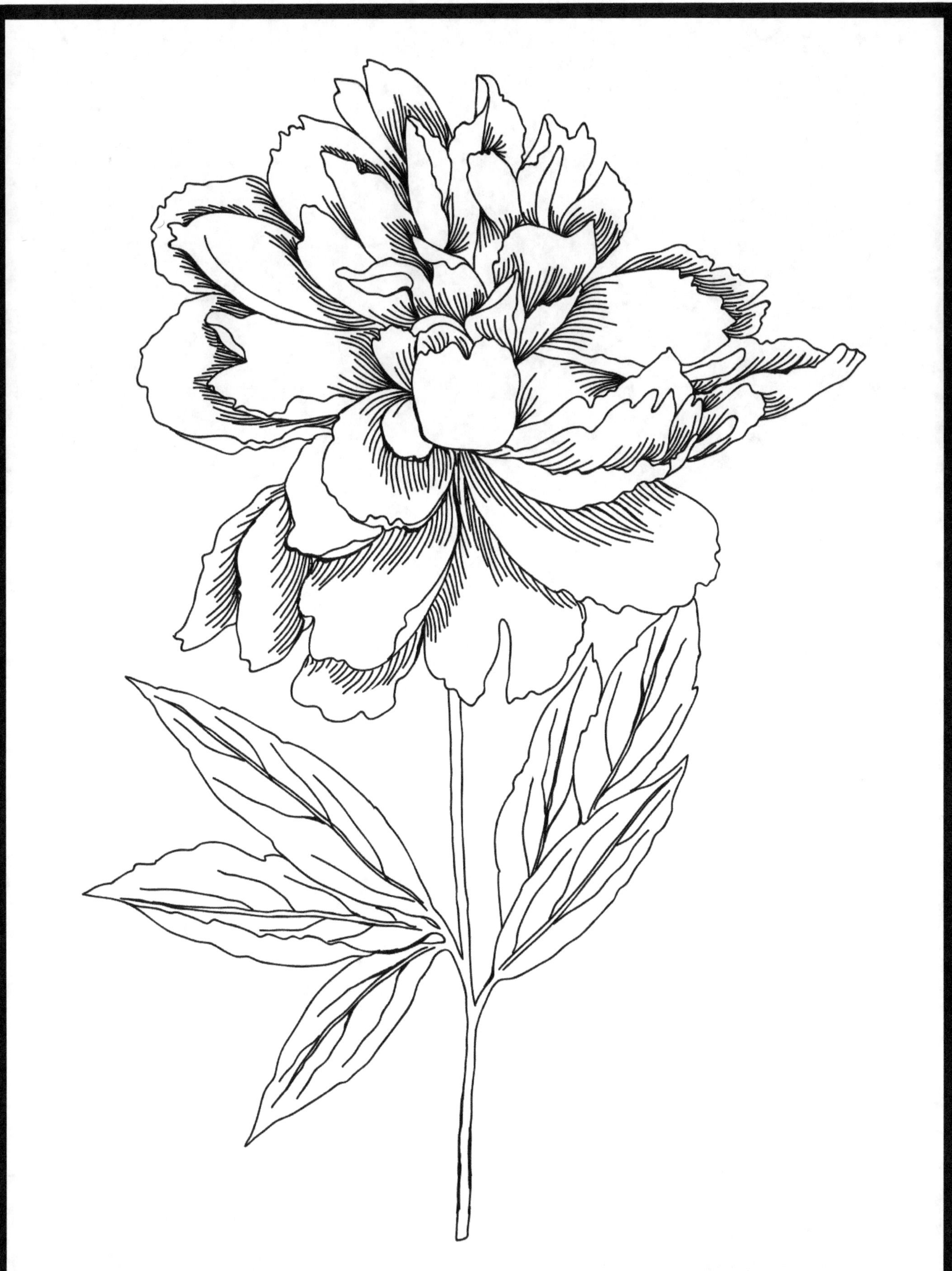

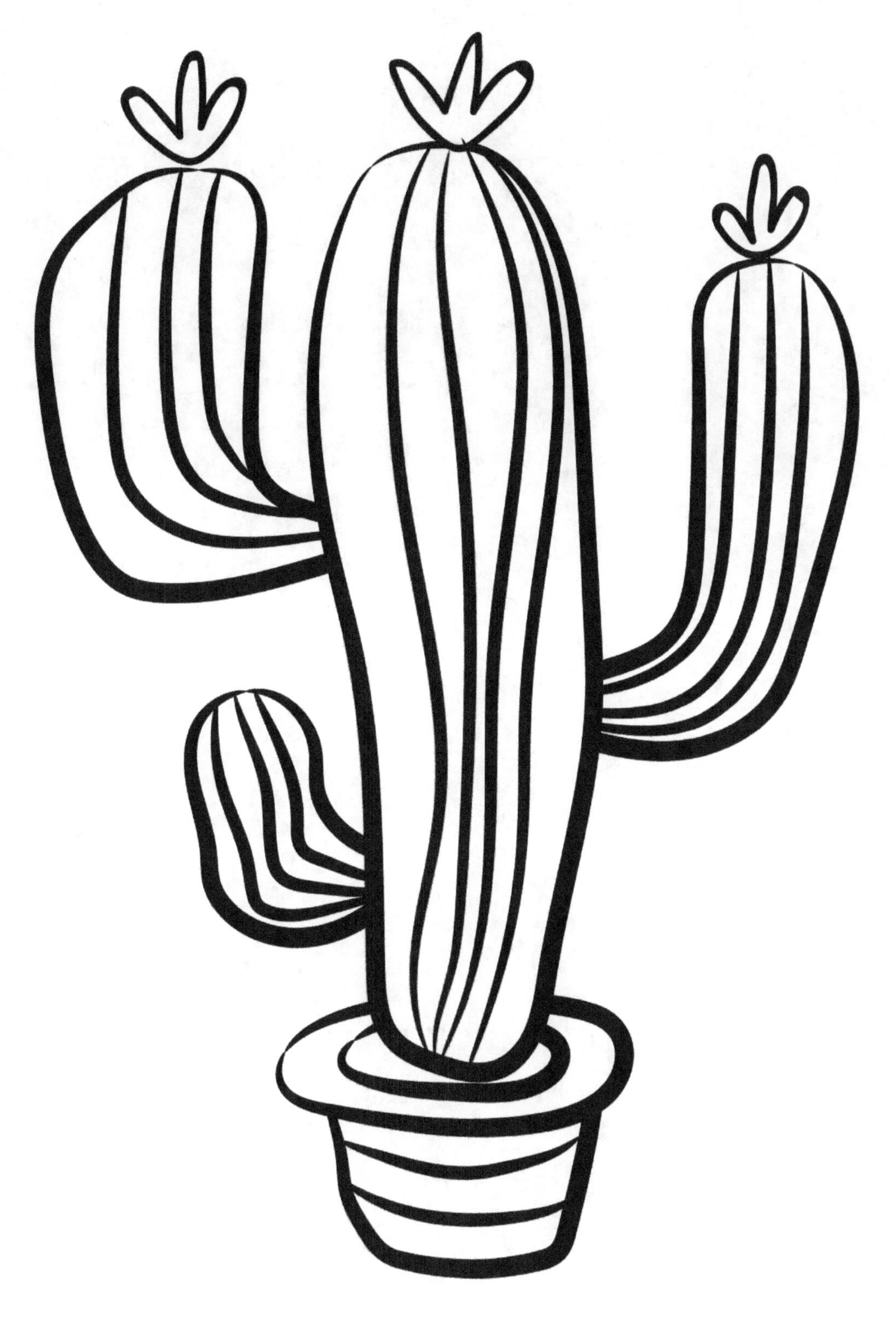

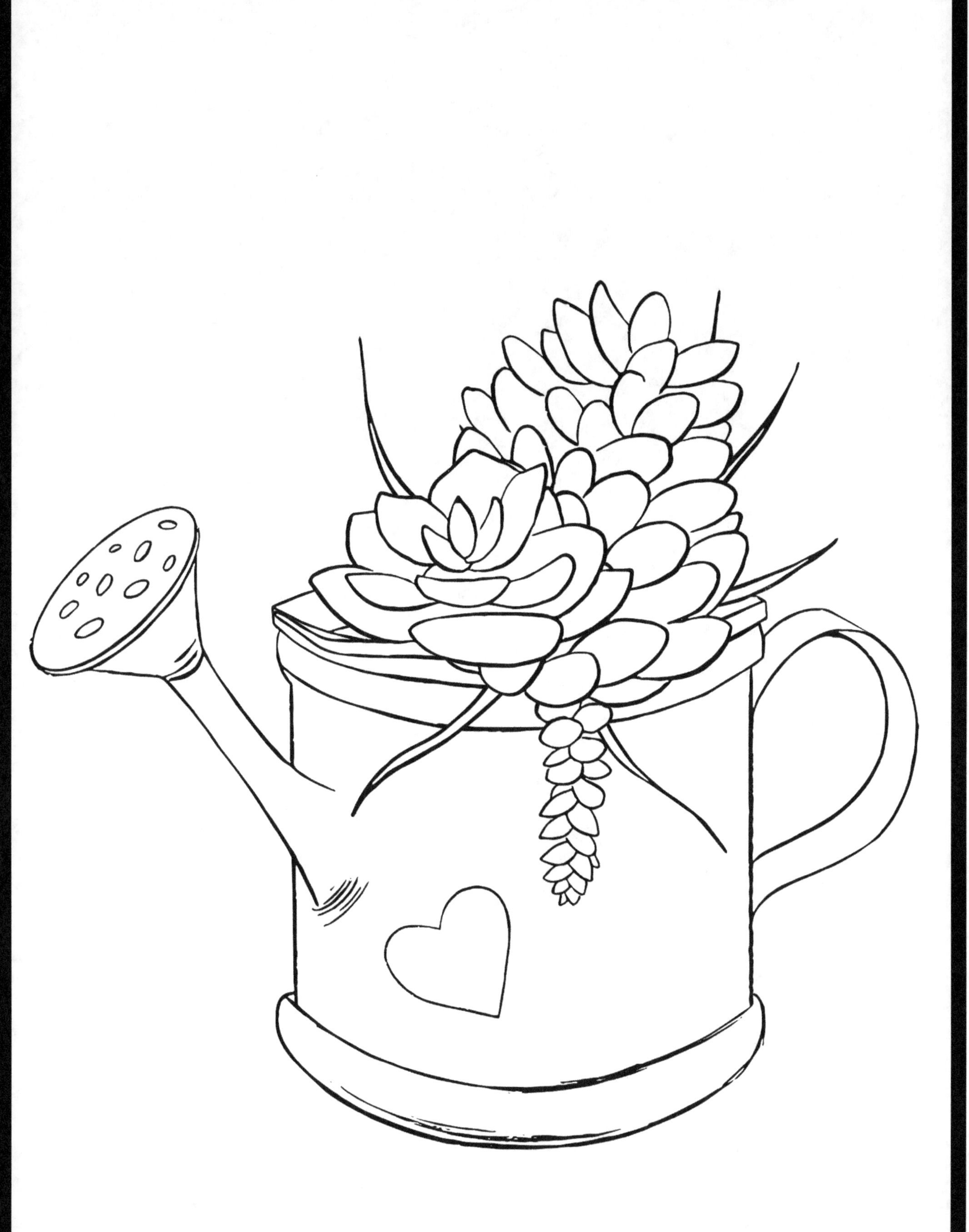

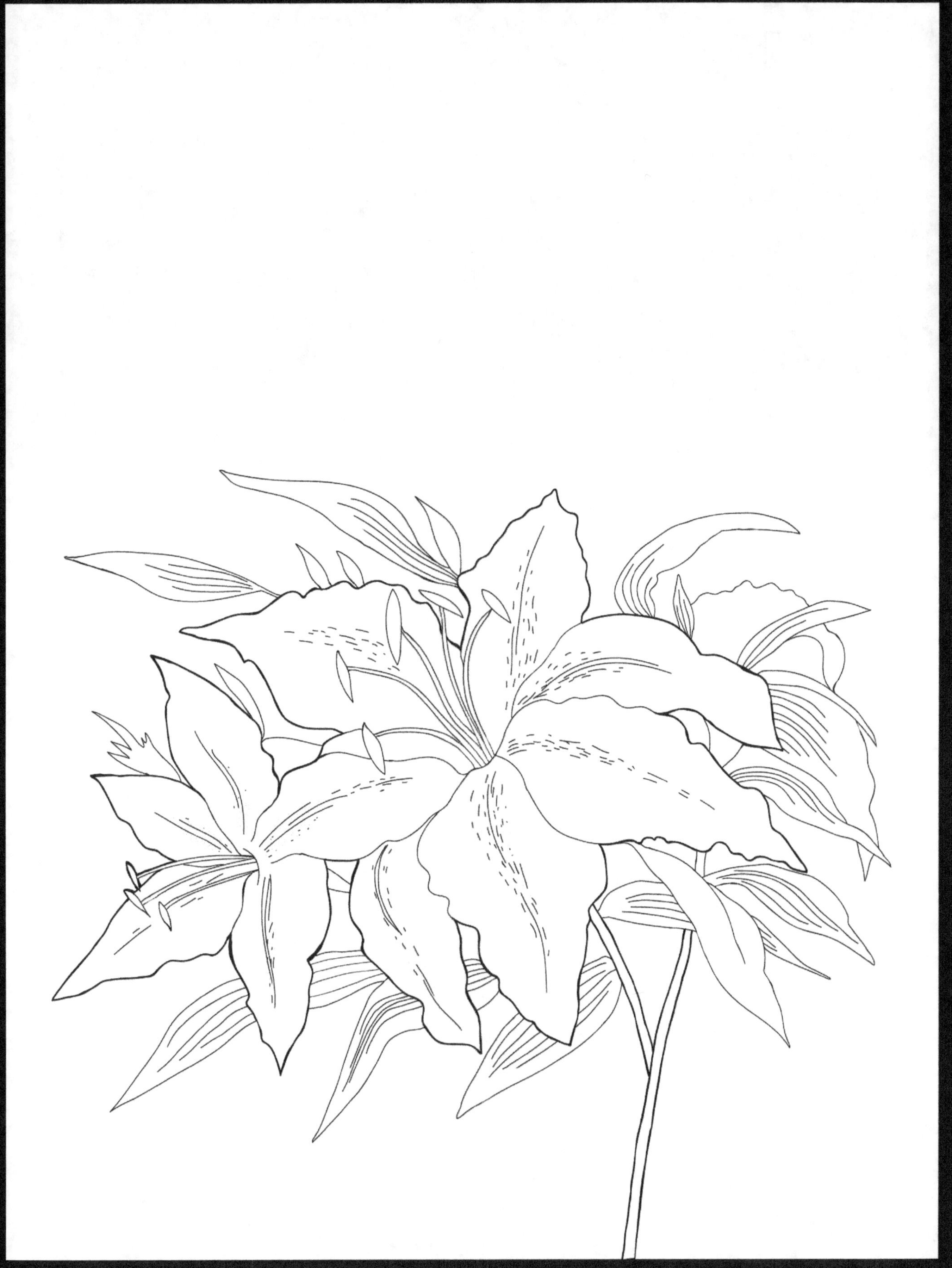

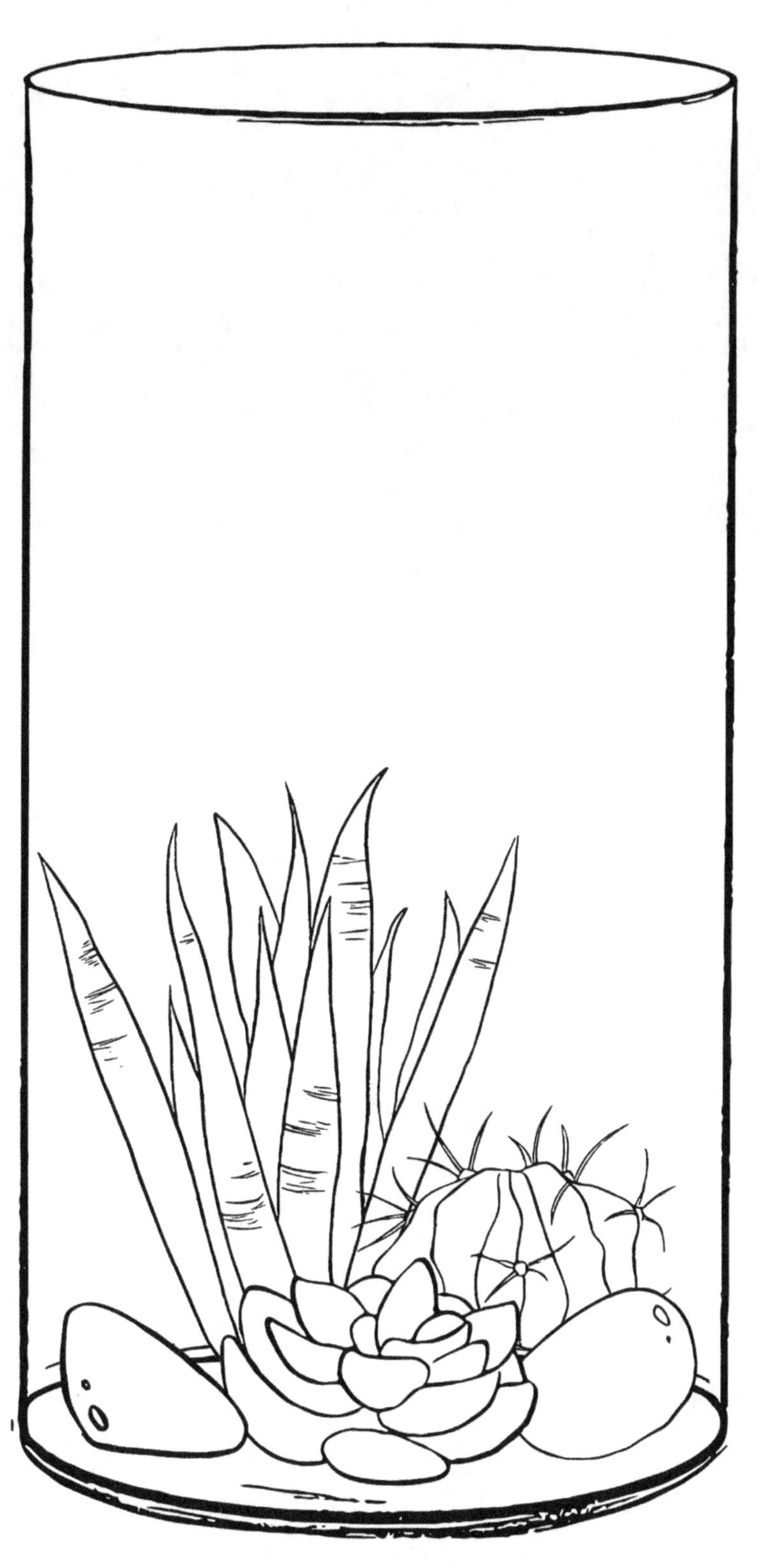

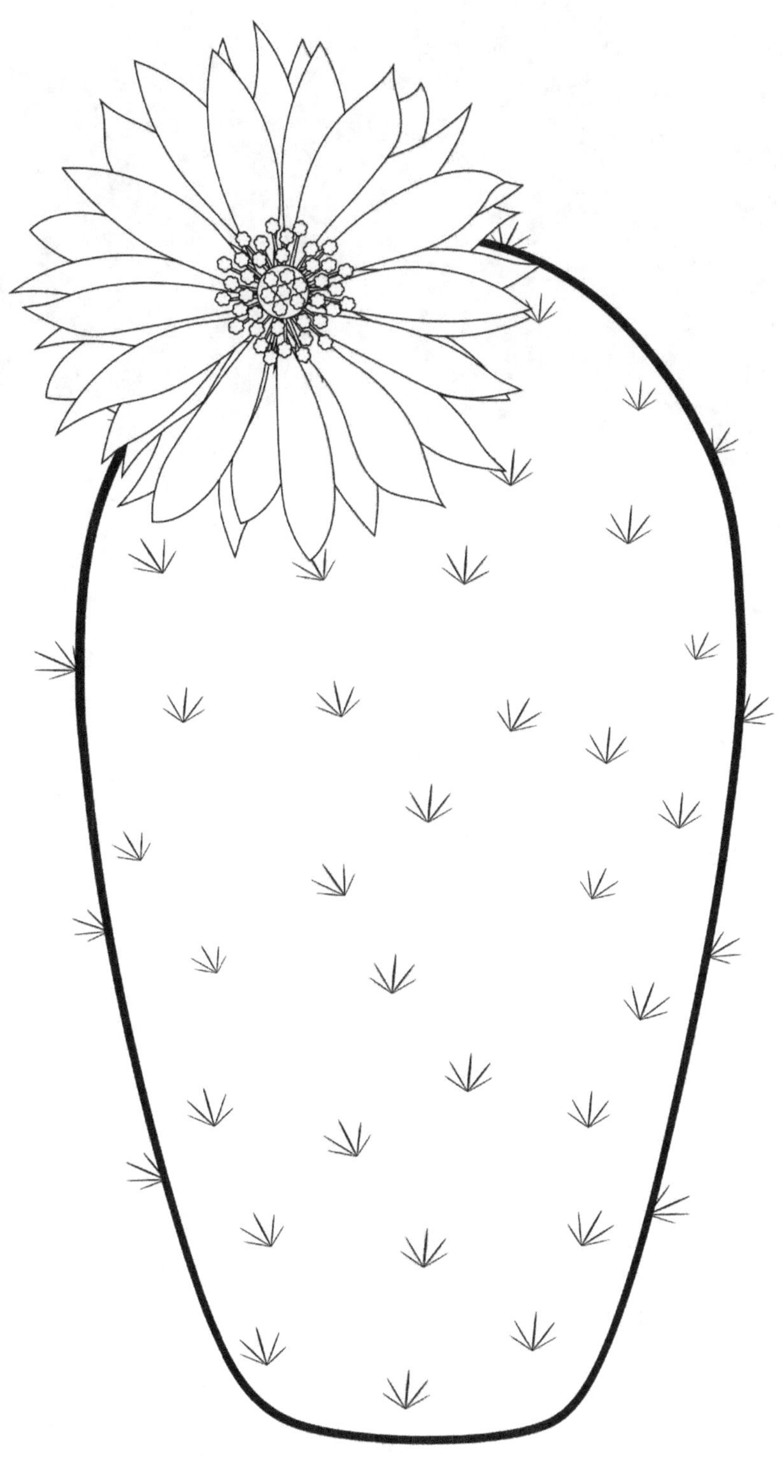

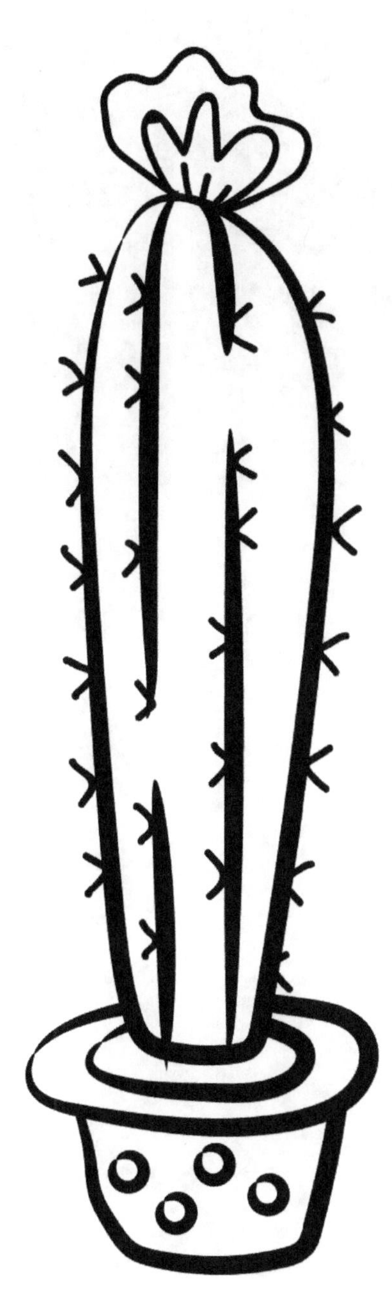

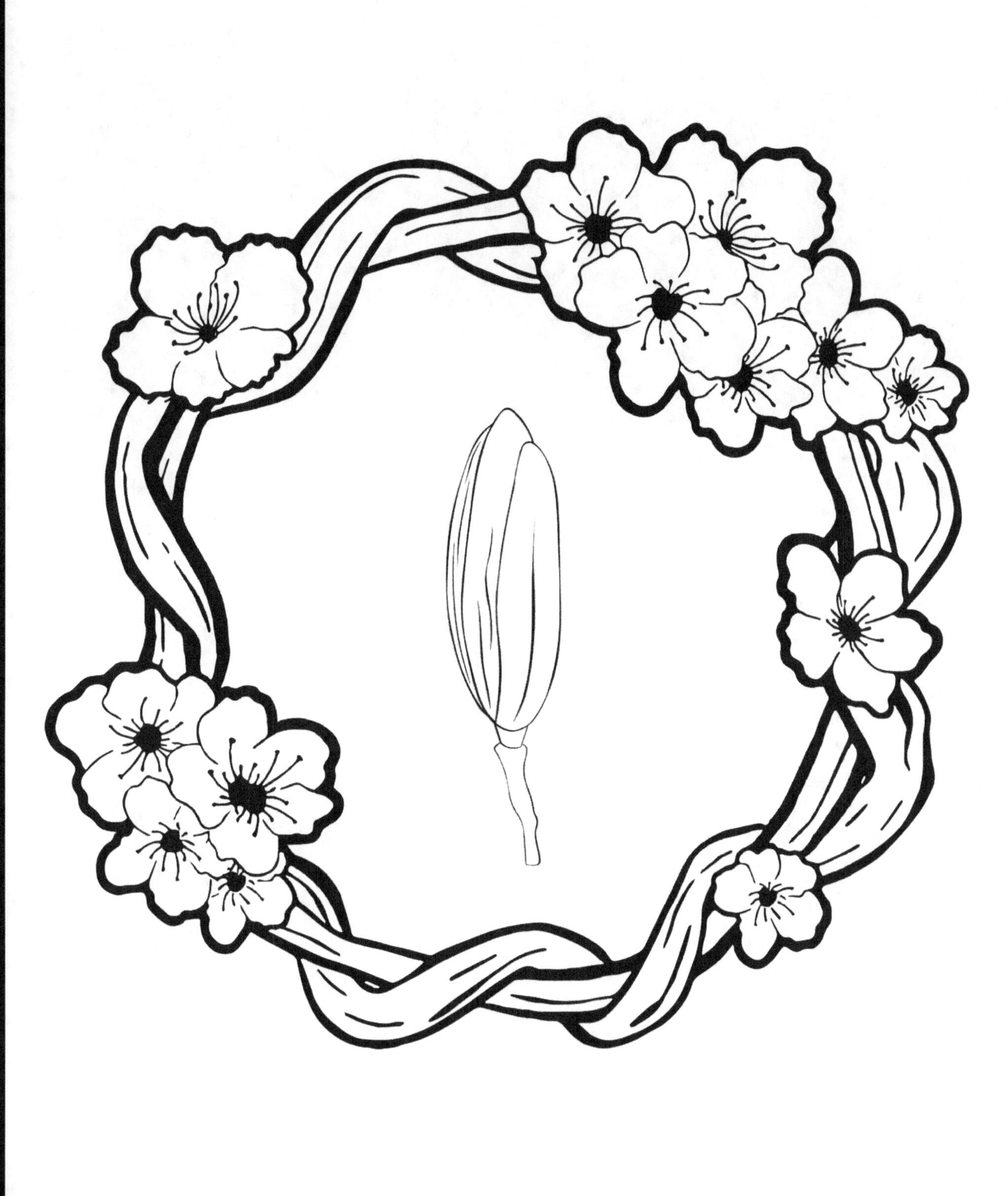

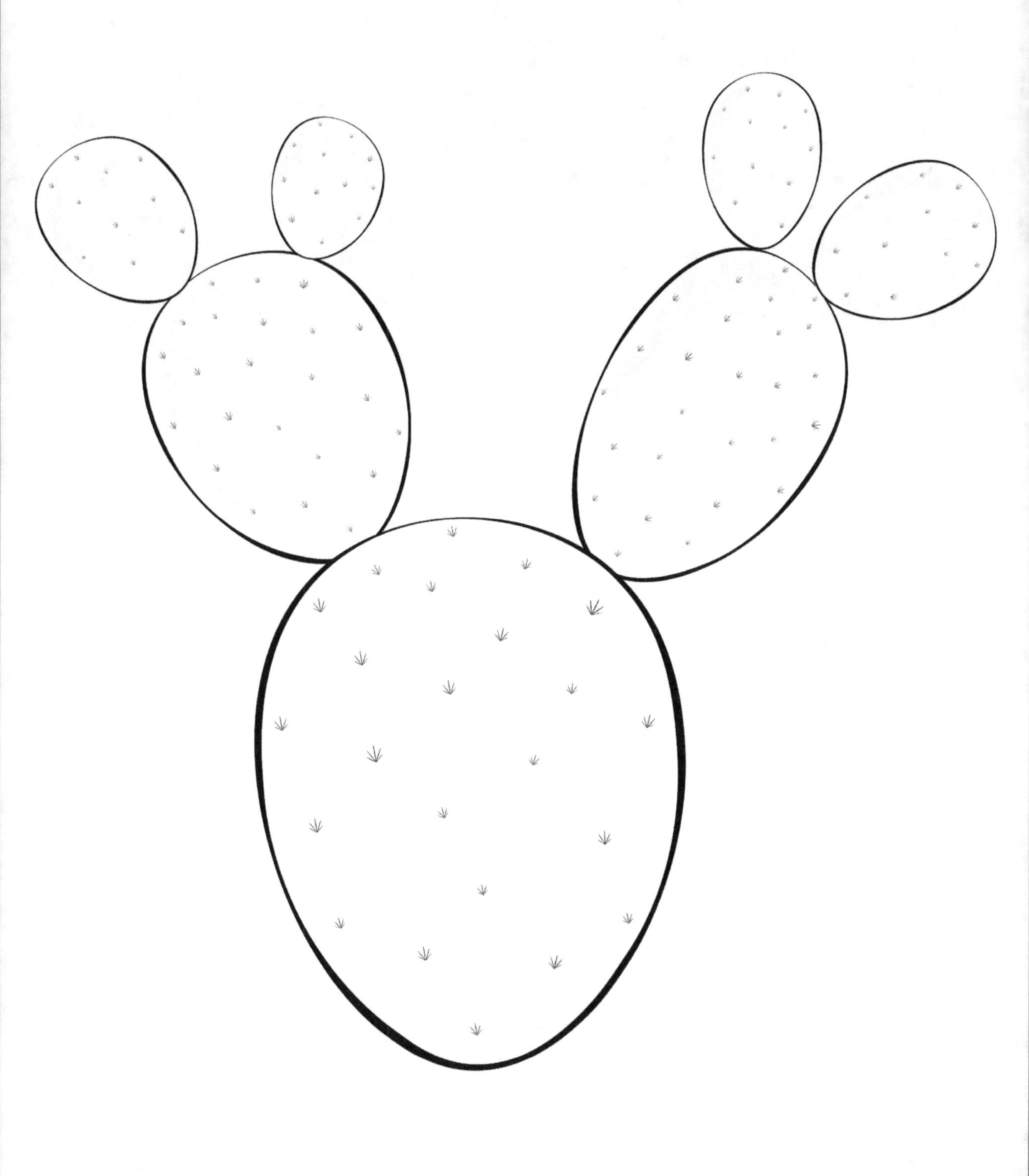

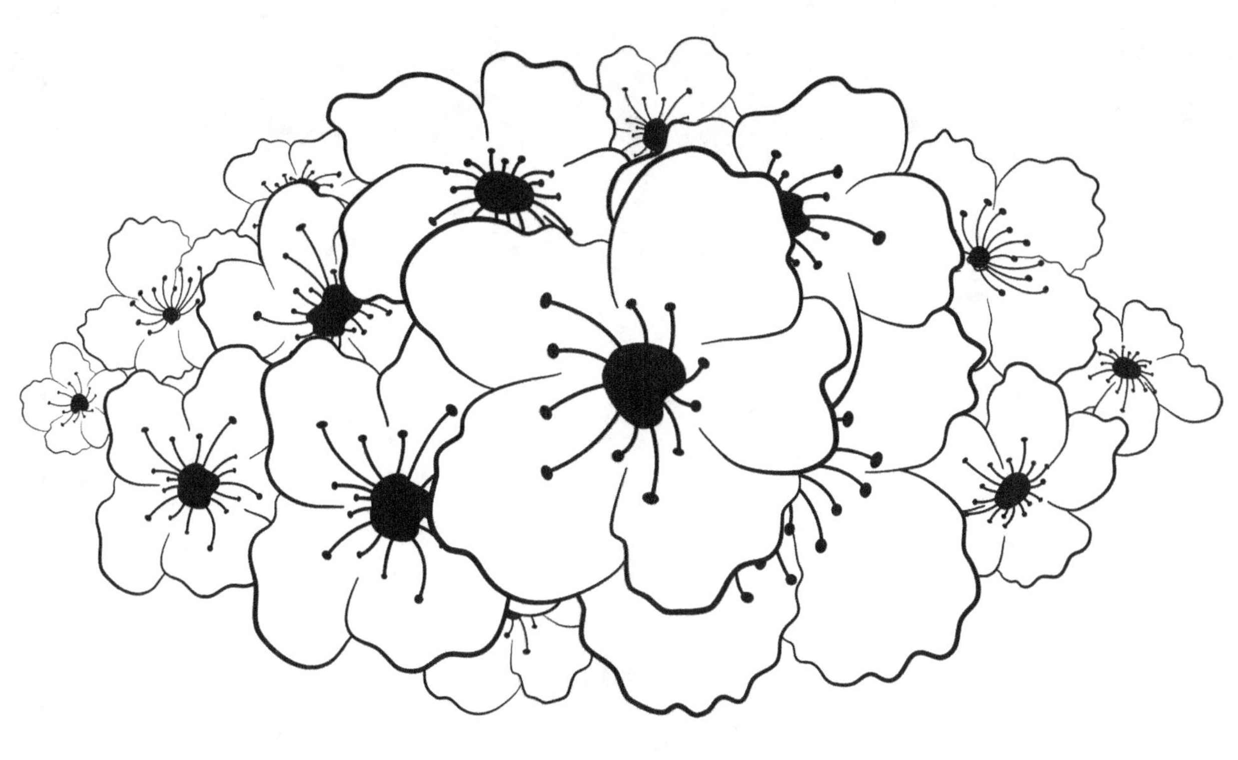

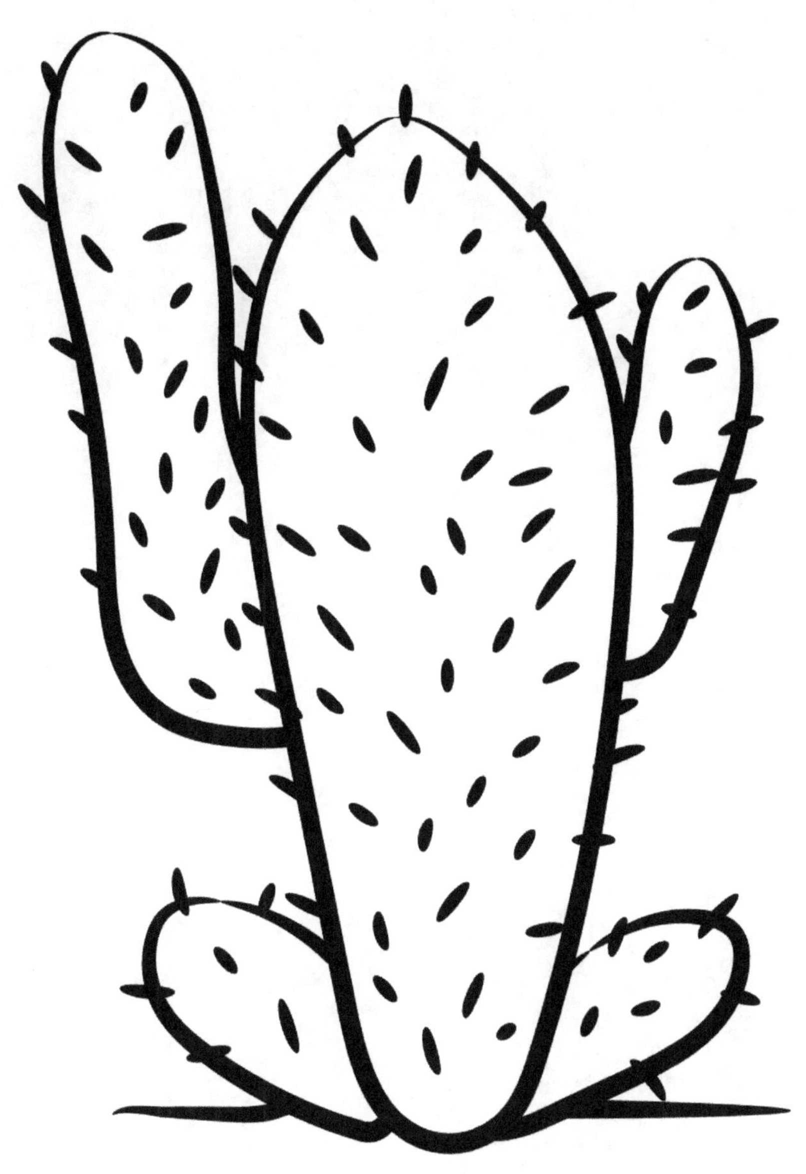

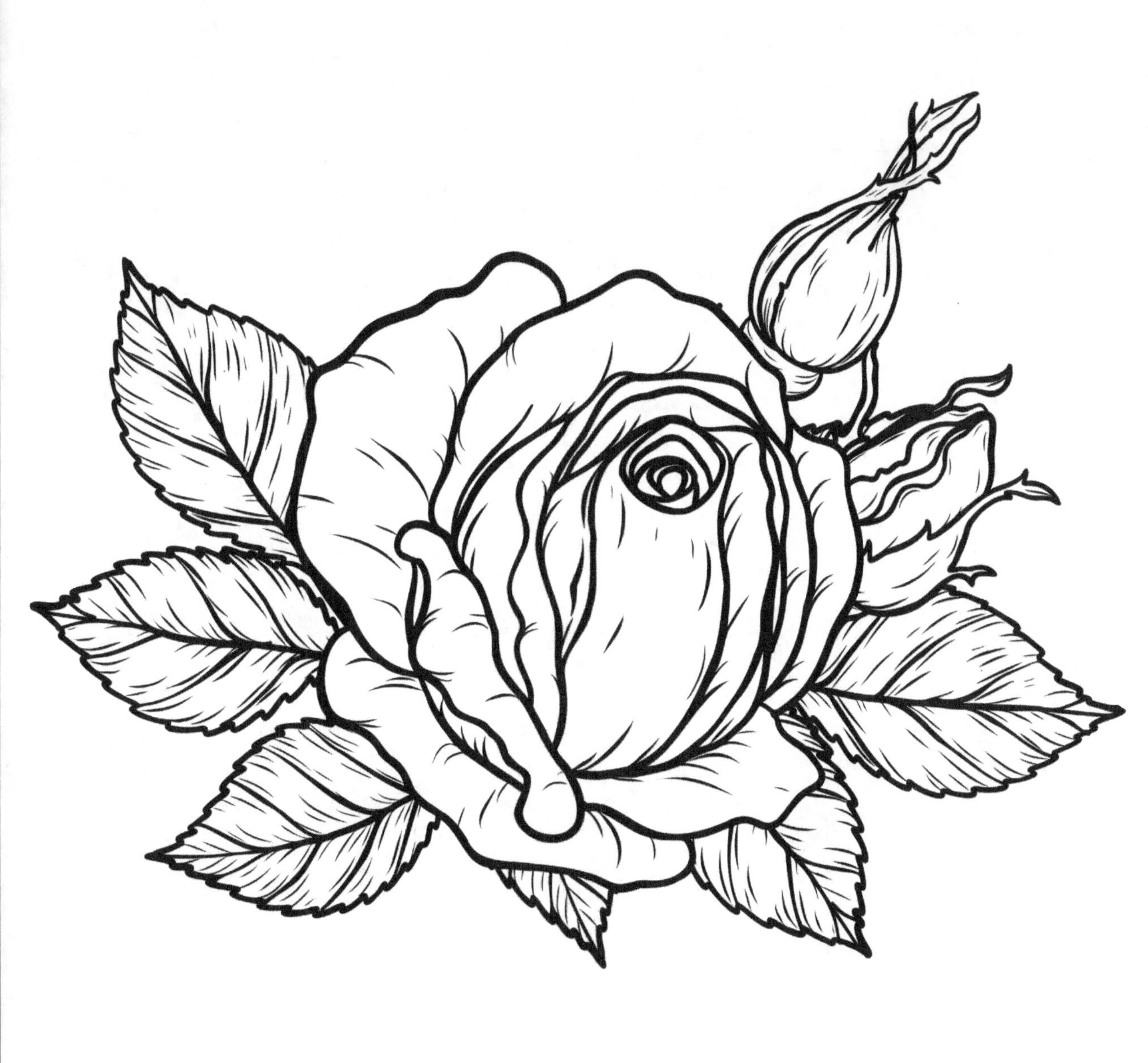

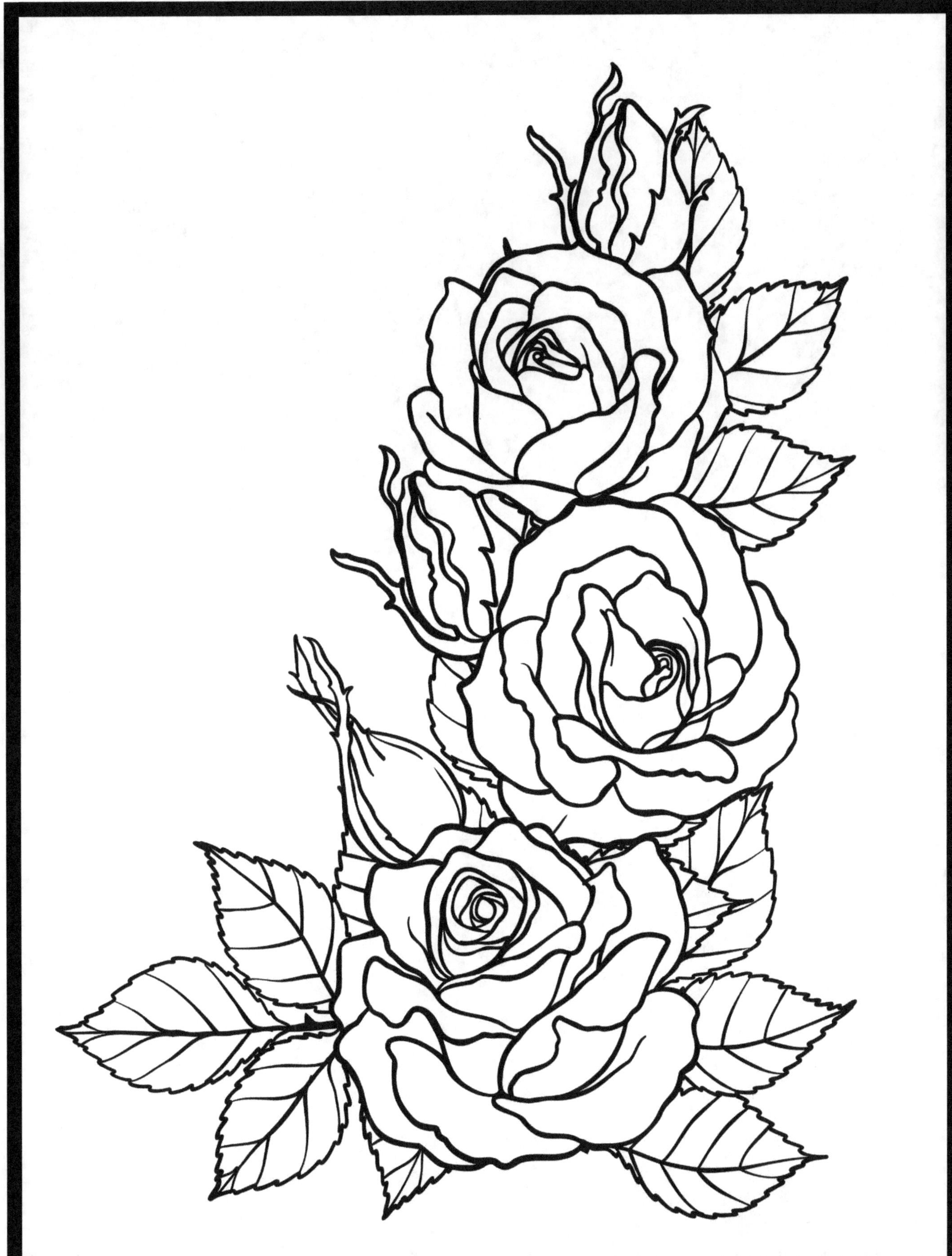

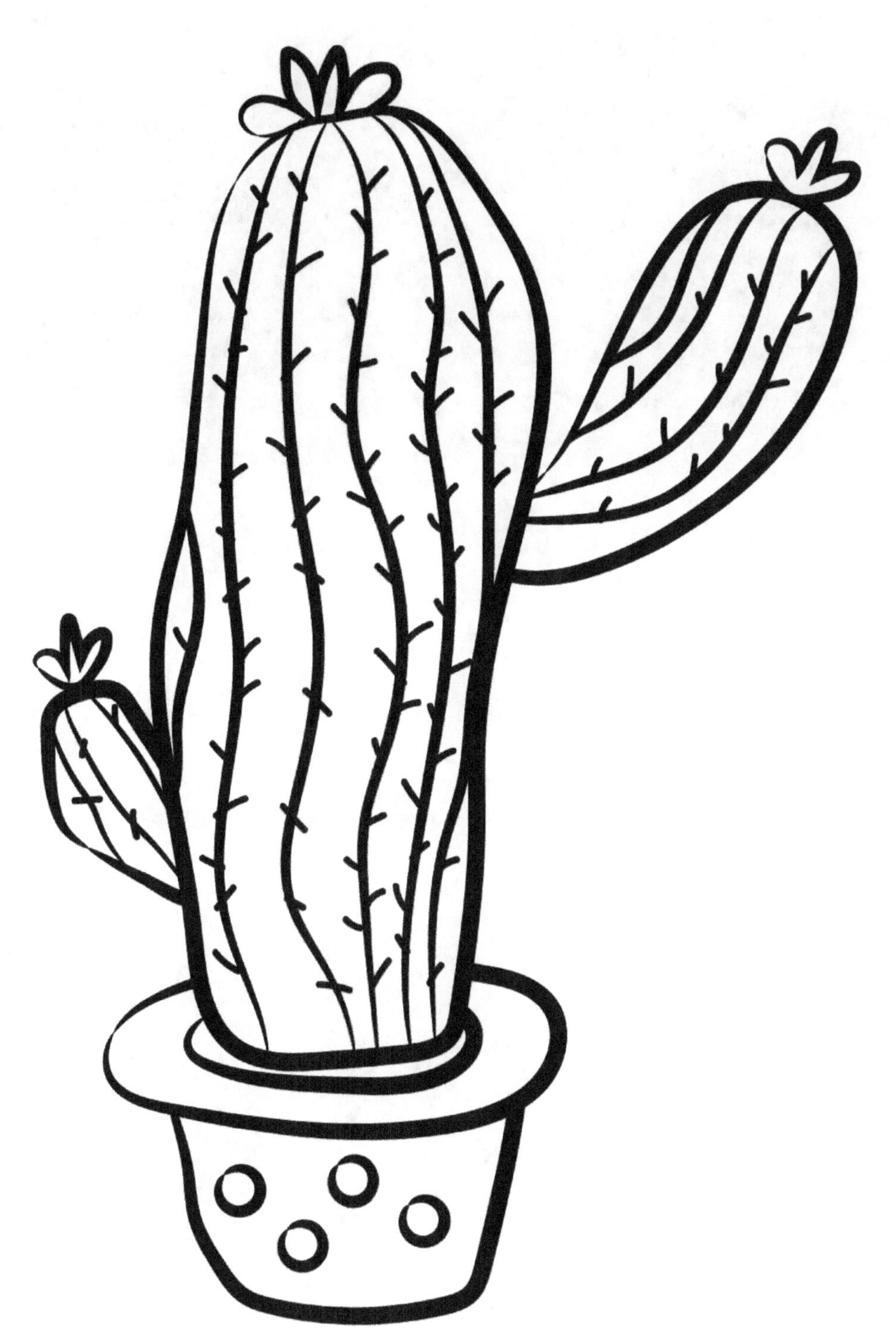

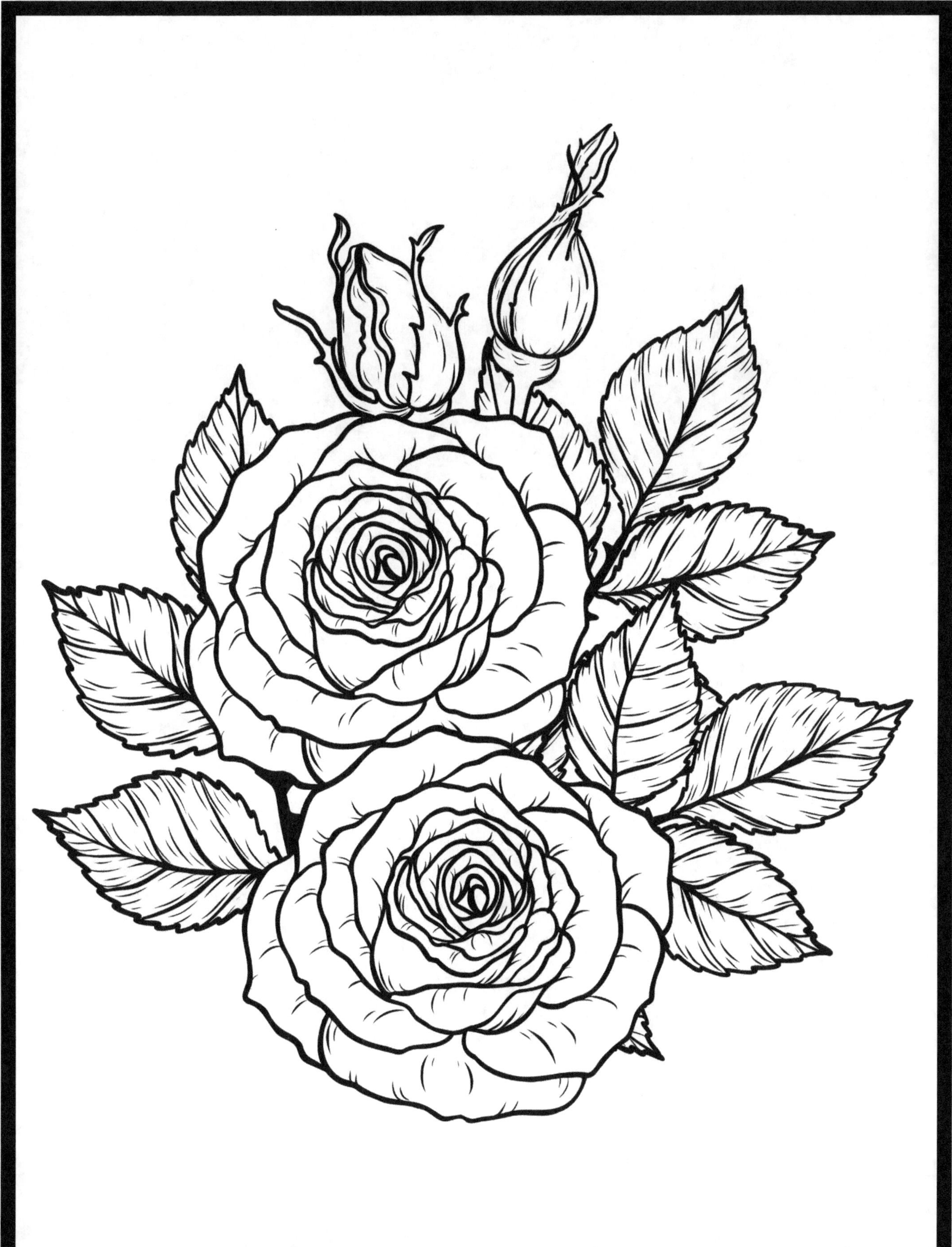

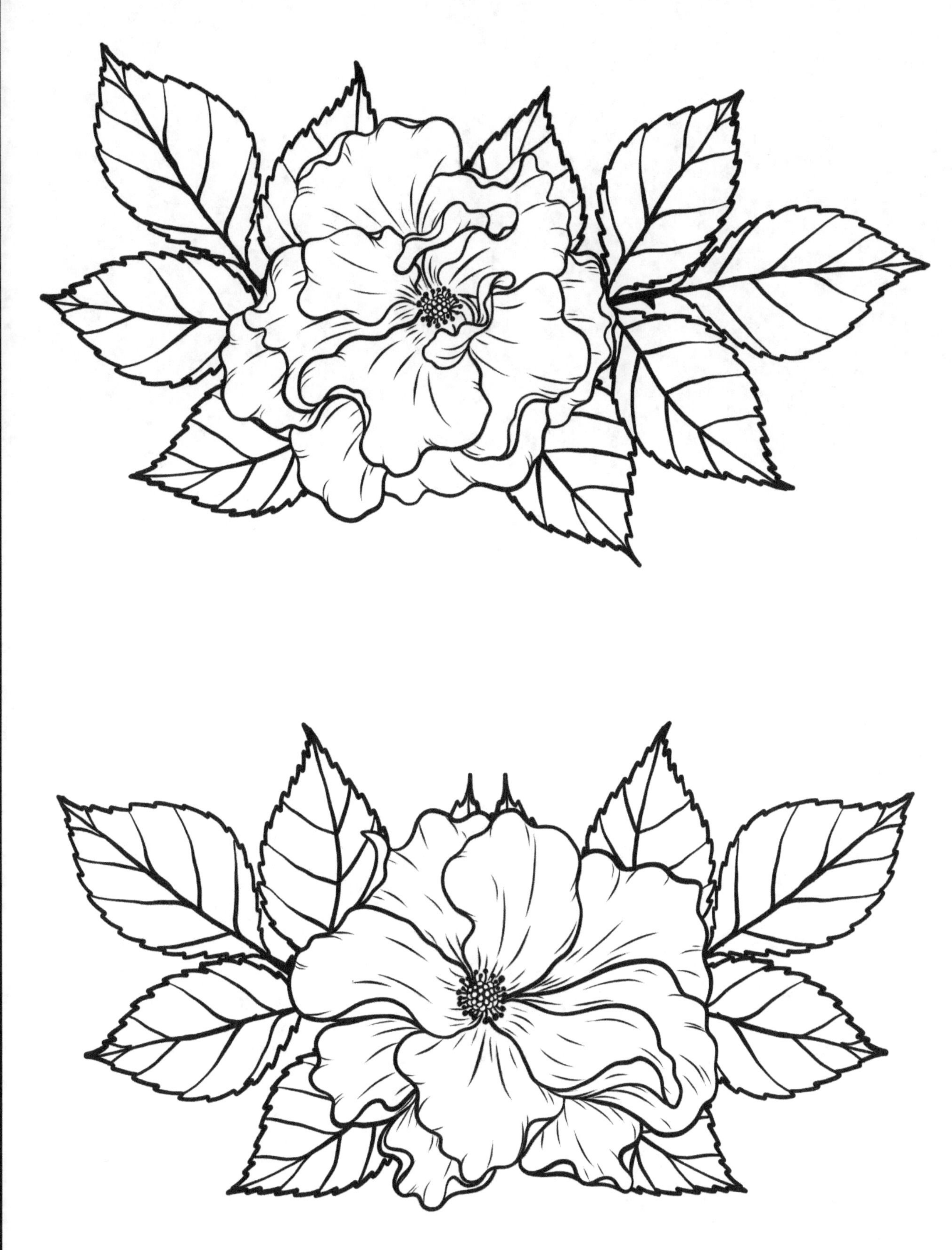

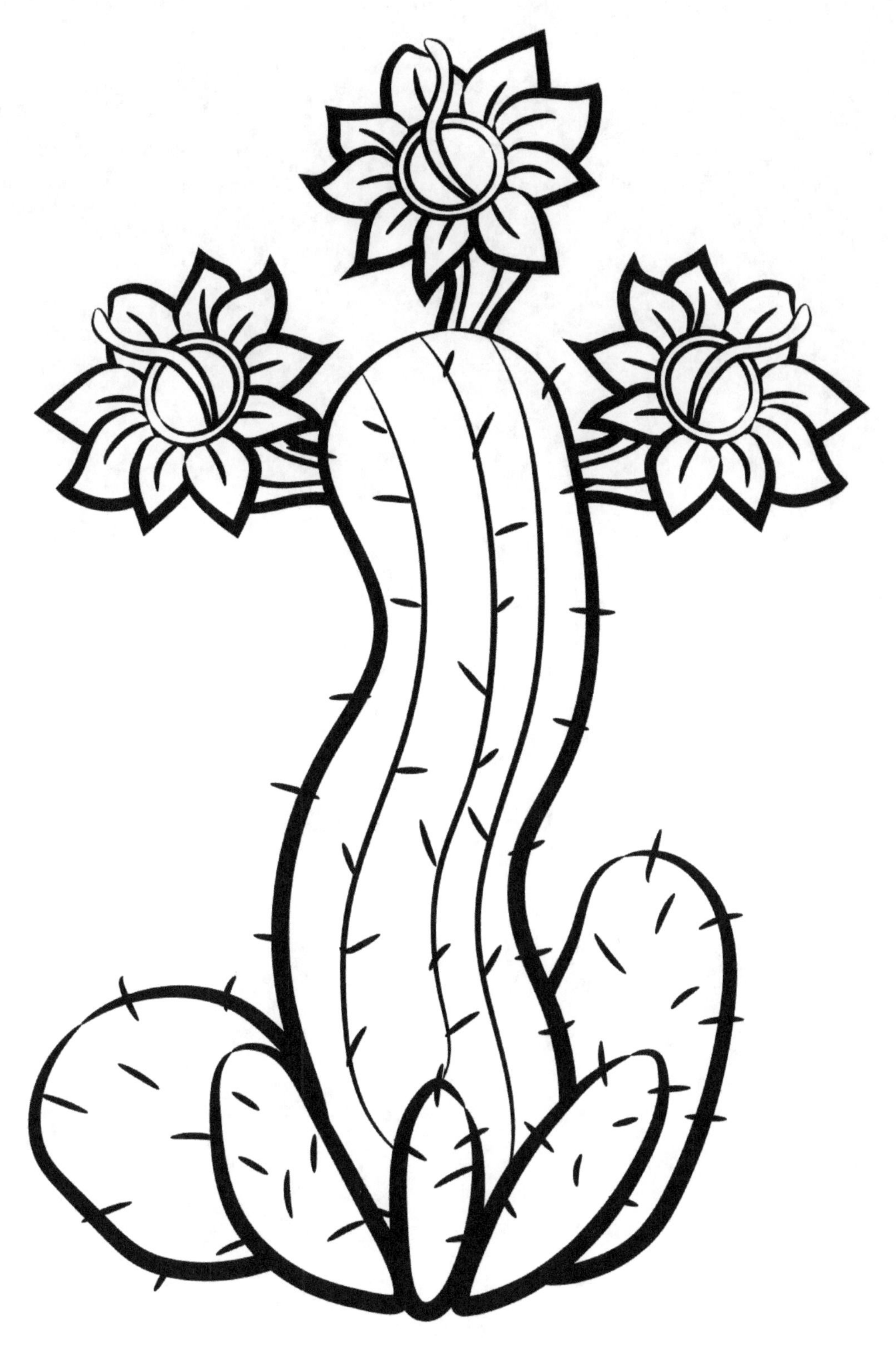

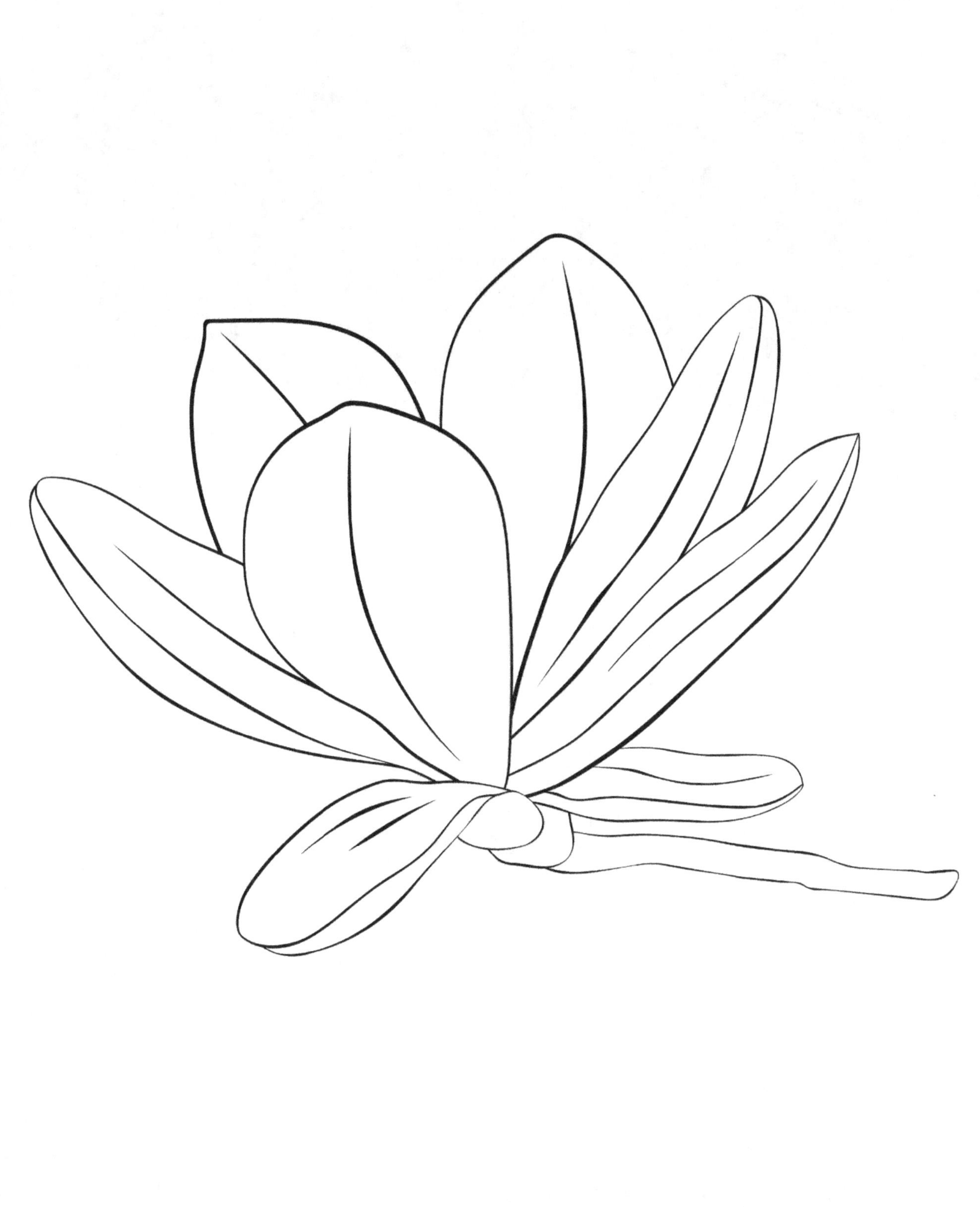

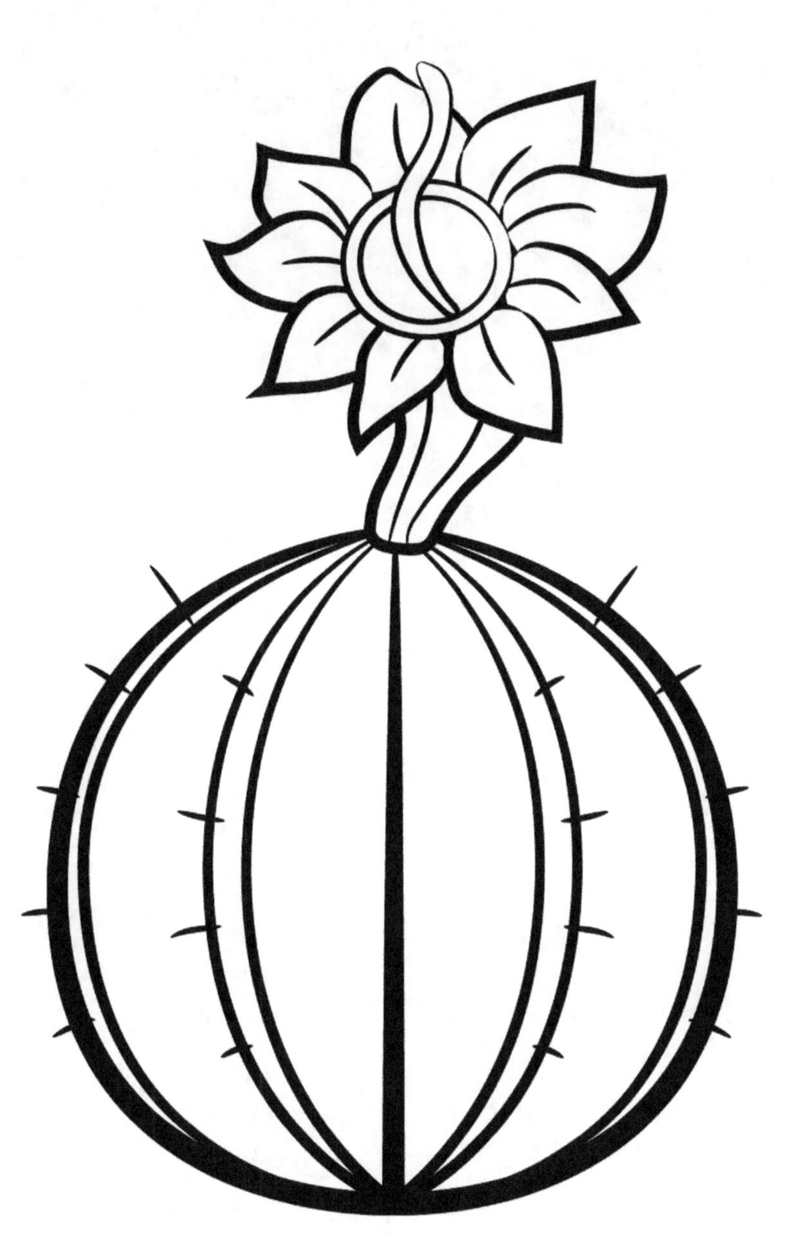

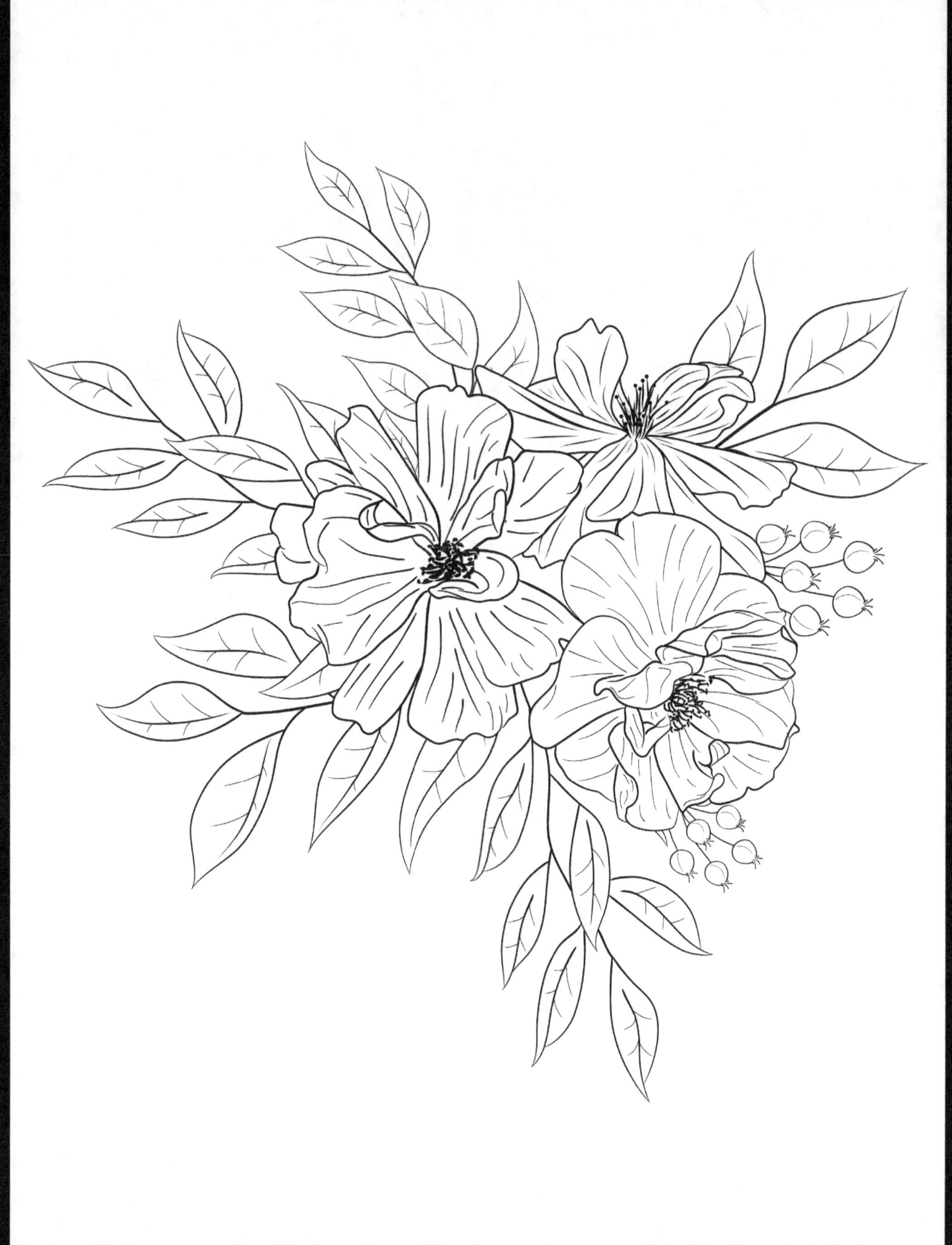

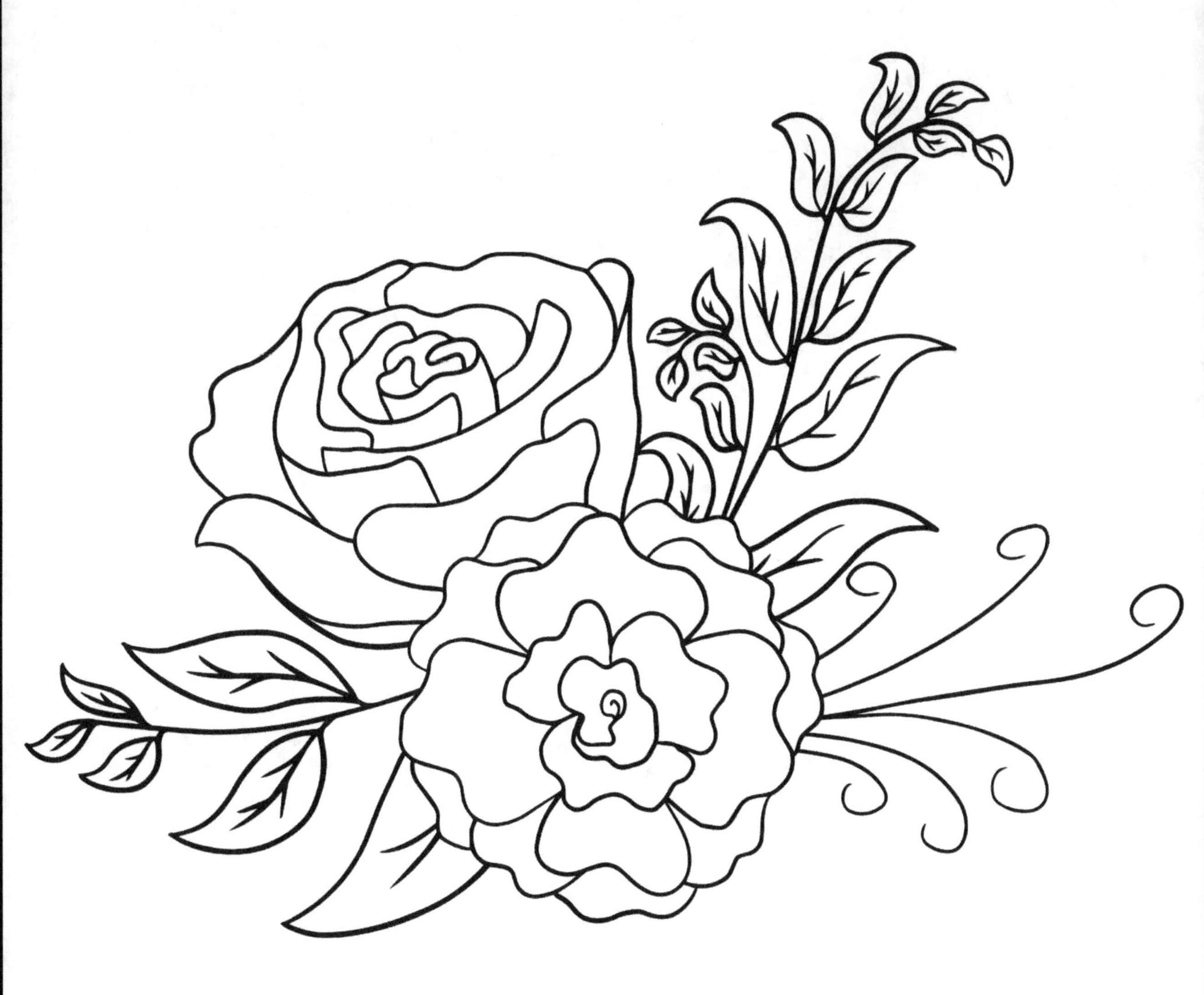

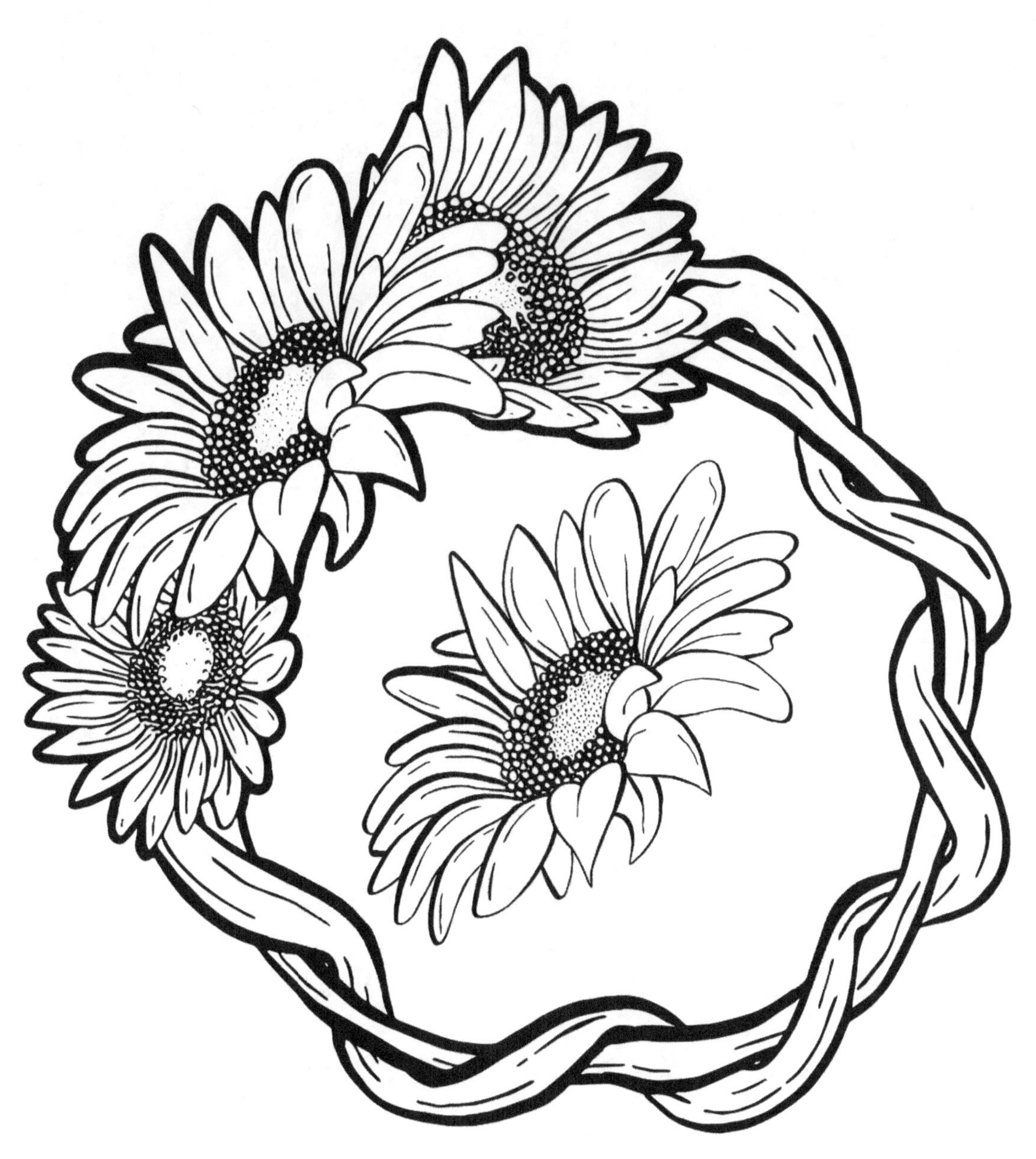

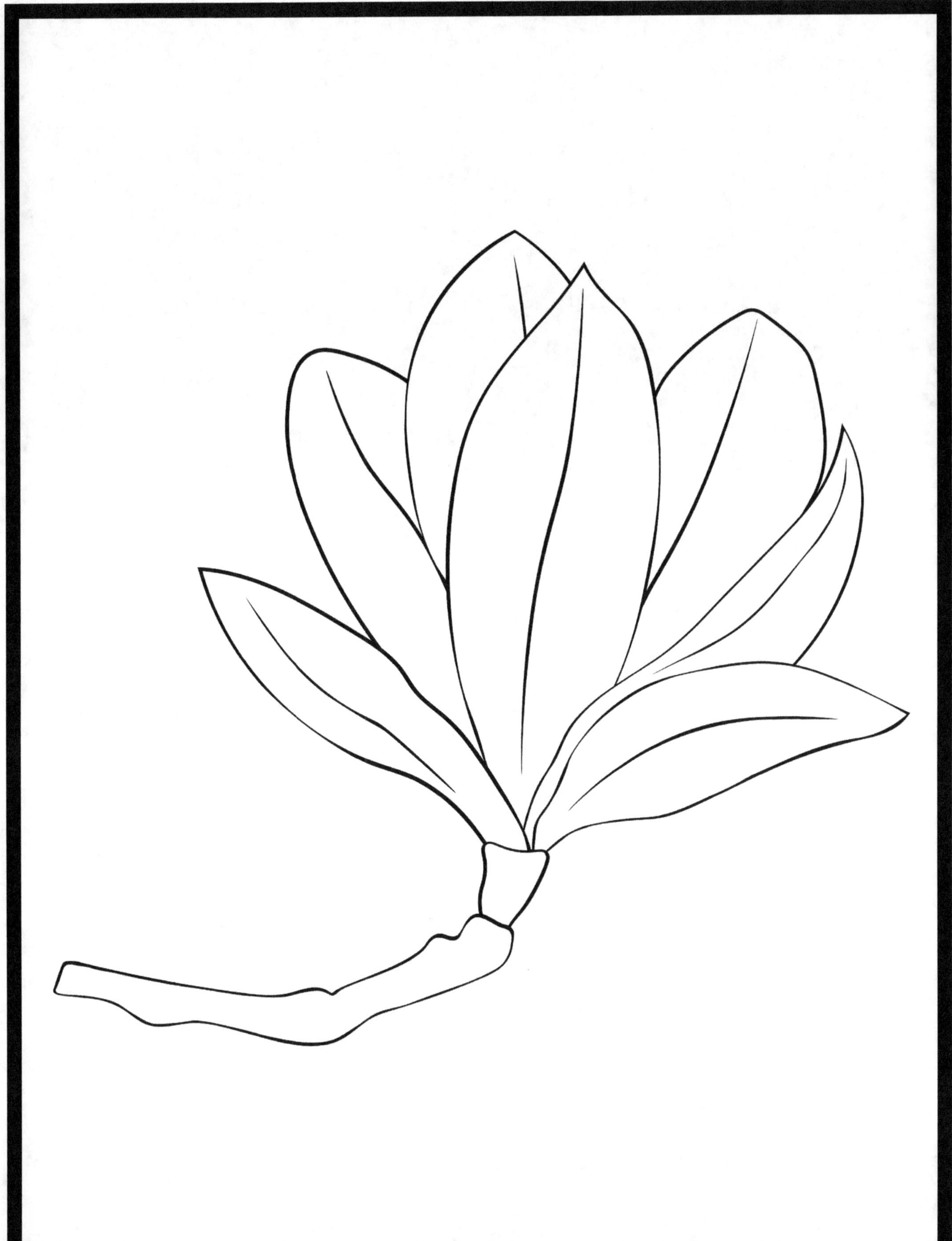

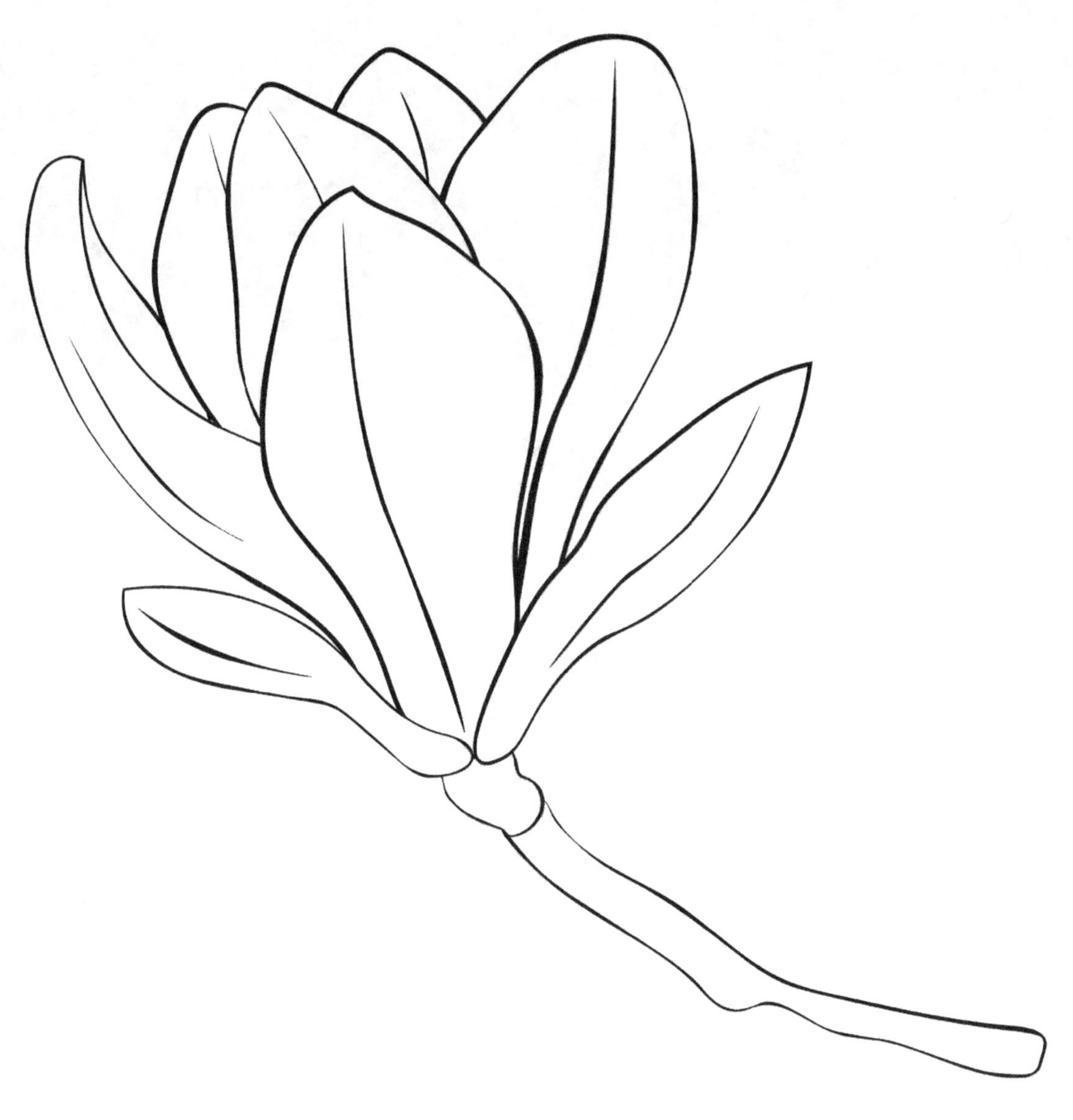

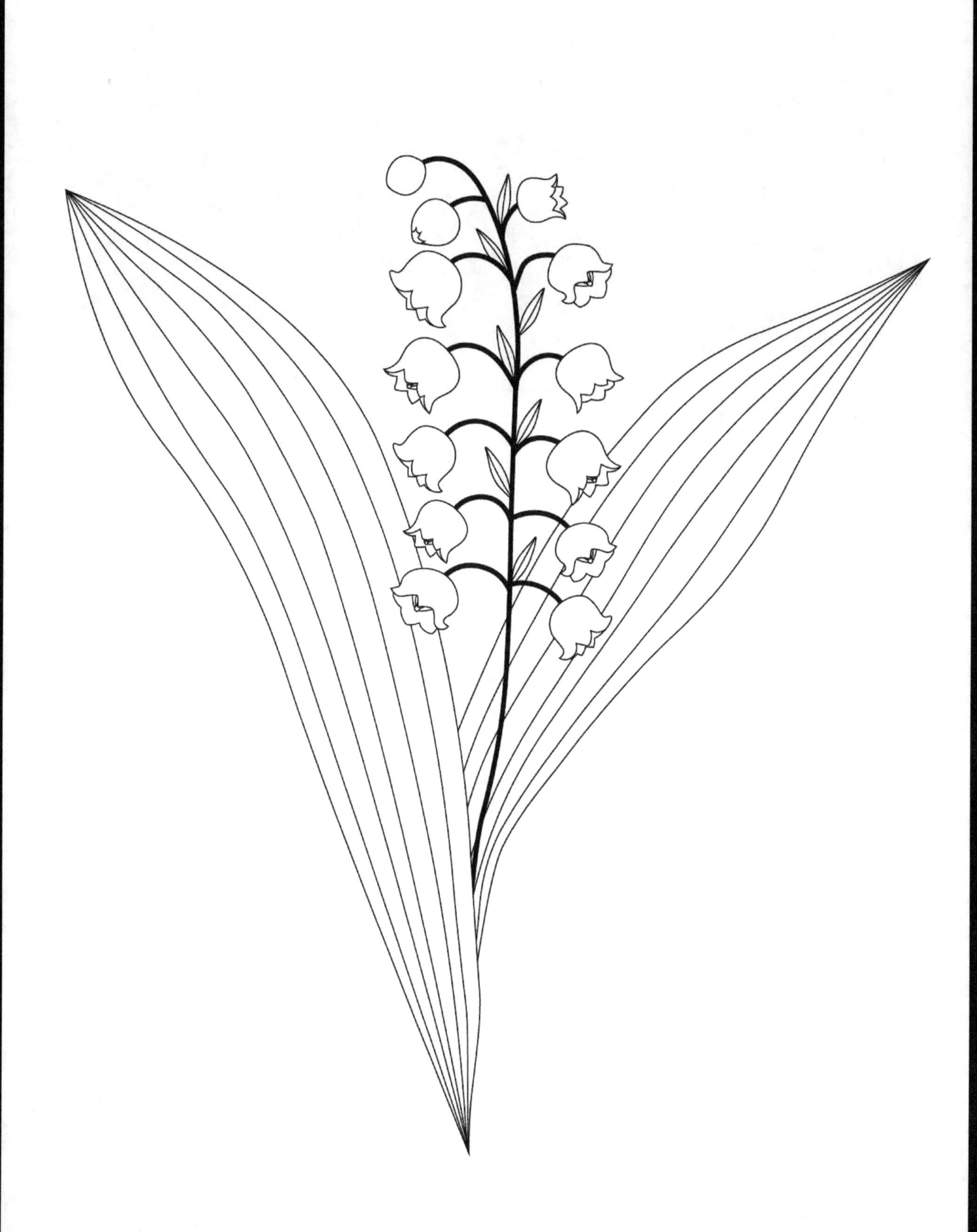

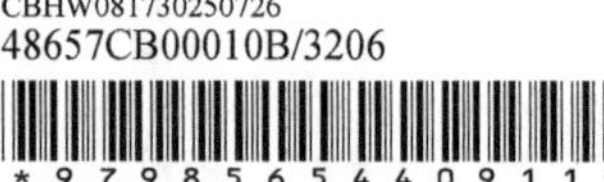
www.ingramcontent.com/pod-product-compliance
Lightning Source LLC
Chambersburg PA
CBHW081730250726
48657CB00010B/3206

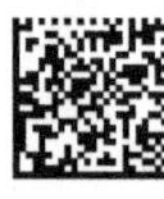